मानव मस्तिष्क का सामाजिक रूप

कुमार संतोष

क्रम-सूची

1

परिचय

मानवीय मस्तिष्क के बारे में सारी दुनिया परिचित है आज हम उसी मस्तिष्क की कुछ जानकारी करेंगे आज हम बात करते मानवीय मस्तिष्क की इसलिए यह बात शुरू से शुरू ना करके इसकी और गहराई में जाएंगे यानी माइनस से यानी कुछ है इसके पहले भी कुछ है शून्य तो एक केंद्र है लेकिन उसे केंद्र के अंदर भी तो केंद्र होगा किसी भी जानकारी को हासिल करने के लिए उस जानकारी को जानना जरूरी है मैं कहना चाहता हूं कि इस दिमाग को चलाने वाला भी तो कोई होगा कोई ऐसी ऊर्जा जो कभी जन्मी ही न हो जो न कभी नष्ट होती है इन्सानी दिमाग हमेशा उलझा रहता है इसके बारे में अभी तक जितनी भी रिसर्च हुई सब रेसर्चो में पाया गया कि इसकी उलझने कभी कम नहीं होती है इसमें सोचने की प्रक्रिया कभी कम नहीं होती है। इन्सानी दिमाग का अध्यनन वैज्ञानिक तौर पर तान्त्रिक विज्ञान में किया जाता है। परन्तु मनोविज्ञानिक कंप्यूटर] कंप्यूटर विज्ञान] दर्शन विज्ञान] भाषा विज्ञान] मानव विज्ञान एवं आर्युविज्ञान के क्षेत्र में भी इसका अध्ययन किया गया है।अगर वैज्ञानिक तरीका से इसके बारे में बात करे तो हम पायेगे की यह न्यूरोन्स इसमें काम करते है जिसकी संख्या लगभग एक अरब होती है हमारे न्यूरोन कभी खत्म नहीं होते बस इसमें परिवर्तन होता रहता है यह न्यूरोन्स हमारे शरीर होने वाली हर क्रिया की जानकारी मस्तिक को प्रदान करते है और मस्तिक इसके आज्ञा प्रदान करता यू

कहे की मस्तिक हमारे शरीर को चलाने वाला एक अहम हिस्सा है कहते है कि स्वस्थ शरीर में स्वस्थ मस्तिक निवास करता है तथा स्वस्थ मस्तिक में स्वस्थ शरीर हमारा शरीर अगर कोई गलत प्रक्रिया करता है तो मस्तिक उस चीज के मना करता है अगर मस्तिक कोई गलत आज्ञा प्रदान करता है तो तो शरीर उसे रोकता है यानि शरीर को कष्ट तभी होता है तब यह जानकारी मस्तिक तक पहुँचती है। कई बार यह प्रकिया दोहराई जाती है। हमारा दो तरीका से काम करता है। हमारे मस्तिक के सभी न्यूरोन्स तभी काम करते हक़ तब उन्हें आज्ञा प्रदान की जाती है और यह आज्ञा अकेला नहीं दे सकताइस बात से सभी परिचित है कि दिमाग एक सूचना को एकत्रित करने का तथा आज्ञा प्रदान करने के केन्द्र है मगर कुछ न्यूरोन्स दिमाग के अकेले आज्ञा देने से नहीं चलते उन्हें शरीर के आज्ञा की भी जरूरत है। मानव मस्तिक तथा शरीर के अंदर जो न्यूरोन्स आते है उनके आने का श्रोत कहा से है आइये जानते है कि तंत्रिका- तंत्र हमारे न्यूरोन्स कैसे बनते है कैसे काम करते है इसके मुख्य घटक होता] सैल]शैल]शैल मुख्य से रूप से एक बीज(अणु) के नाम से कह सकते या यू कहे की प्रकृति की तो संरचना तो एक जीवन प्रदान करती है यही वो शैल होता है जो हमें जीवन प्रदान करता। एक शैल दो शैल में विभाजित होता है दो शैल चार शैलो में ऐसी प्रकार यह प्रकिया एक स्ट्रक्चर या एक शारीरिक संरचना या रचना प्रदान करता है। तब उसे कोई वस्तु या दृश्य दिखे या सुनाई दे उसका शरीर तभी काम करेगा तब किसी वस्तु या दृश्य को देखने या सुनने के पश्चात् दिमाग आज्ञा दे और यह आज्ञा देने की प्रक्रिया इतनी तेज होती है कि लाइट से कई गुना तेज किसी शरीर अगर कोई कष्ट हो पीड़ा हो तो दिमाग फिर इस रचना को इसनी दिमाग अलग अलग नजरिये से देखता है और इस रचना को मजबूती प्रदान करता है एक ऐसा अणु जो कार्बनिक होता है जो हमारे शरीर को या यू कहे की किसी भी शरीर को सिर्फ उसकी माँ प्रदान करती है यह प्रकिया शैल तब तक चलती जब तक यह किसी को सही आकार प्रदान न कर दे दिमाग को शुरू करने के लिए यह शैल अहम भूमिका निभाते है इस सारी पृथ्वी पर इंसानी दिमाग जितना व्यस्त रहने वाला और कोई भी चीज नहीं है। इंसानी दिमाग में इस आकाशगंगा जितने

गृह तारे है उससे अधिक न्यूरोन्स] तांत्रिक तंत्र होते है इसको अभी तक की कोई भी रिसर्च पूरी तरह से दिमाग समझ नहीं पाई इंसानी दिमाग अभी तक एक अनसुलझी गुत्थी है कि यह कितना क्या या कब कुछ कर सकता है इसके बारे में किसी भी रिसर्च ने अभी तक सटीक उत्तर नहीं निकाला जीवन का सबसे बड़ा रहस्य है तो इंसान अपने ही अंदर समाये हुए जो खुद नहीं ढूंढ पा रहा इस पृथ्वी पर रहने वाला हर प्राणी का दिमाग तभी ज्यादातर कार्य स्पीट और अधिक बढ़ जाती है इन सबके के बीच में कम करते है हमारी तांत्रिक- तंत्र तो सूचना का आदान- प्रदान करती है। हमारा दिमाग अन्य जीवों से अलग माना जाता मगर ऐसा नहीं हर जीव का दिमाग एक जैसा होता वजन में भले ही अलग- अलग हो मगर उसमे हर जीव का दिमाग में सिर्फ चर्बी ही होती है मगर इंसानी दिमाग अपने जीवन के अनुभव के अनुसार डवलब होता है इसकी आरषे जो देखती है कान जो सुनते नाक जो सूंघती है और जीभ जो स्वाद लेती है उसका अनुभव या यू कहे की उसकी प्रक्रिया में बार बार दोहराती है उसके अनुभव के अनुभव के अनुसार ही इंसानी दिमाग विकसित होता है कई बार हमारी दिमाग की प्रक्रिया बार -बार पिछले समय को याद करके या दोहरा के उलझन में पद जाते है! इंसानी दिमाग का विकसित होने का सबसे बड़ा श्रेय उसकी जन्म देने वाली माँ को जाता है डबलब की प्रिक्रिया नहीं से शुरू जो जाती है क्योंकी जब बच्चा माँ के पेट में होता है उस समय जो माँ देखेगी] सुनेगी] सुघेगी]महसूस करेंगी वही आने वाले समय में बच्चे के अंदर उत्पन हो जाते है कभी -कभार या यू कहे कि बहुत है ऐसे रियर या कम होता है कि किसी का दिमाग आन इंसान के दिमाग के कई गुना ऊपर सोचता है लेकिन इस बात को अगर हम सामाजिक तौर पर सोचे तो समाज उसे पागल या दिमागी रूप से पागल मानती है मगर ऐसा होना सही रूप नहीं है क्योंकि उसका दिमाग जो सोच सकता है उसका शरीर जो महसूस कर सकता है जो आम आदमी नहीं कर सकता है इस पृथ्वी लगभग 90 से 95 परसेन्ट इंसान सोचता है कि मेरा नाम हो आगे बढ़ू तरक्की करु मगर ऐसा सोचता क्यों है इसके बारे में हम आगे बातें करेगे। कई सदियो पहले से ही इंसानी दिमाग का वजन 1500 ग्राम था लेकिन वर्तमान स्थिति में इसका दिमाग 1350&1400 ग्राम

का रह गया इसका कारण है संसाधन हो जरूरत के सारे संसाधनो का मिल जाना। मगर आज भी इंसानी दिमाग बीता हुआ कल वर्तमान और आने वाले कल के बारे में सोचता है कभी सोचा है कि जो हमारी बॉडी चाहती है क्या वाही हमारा दिमाग करता है या फिर जो दिमाग चाहता है वही हमारी बॉडी करती है यानी दिमाग के चाहने से शरीर काम करता है या शरीर की जरूरत से दिमाग काम करता है ये भारी प्रक्रिया यू ही नहीं चलती इसके पीछे होते हमारे सम्पूर्ण शरीर में न्यूरोन्स हार्मोन्स इन सब की जरूरत पूरी करने के लिए प्रकृति ने एक काया निर्धारित कि सब की अलग- अलग जरूरत है इसलिए अलग-अलग प्रकार से इन्हें ऊर्जा की जरूरत होती है इन सब के बारे में हम आगे बात करेंगे।

2

सोचता क्यों है।

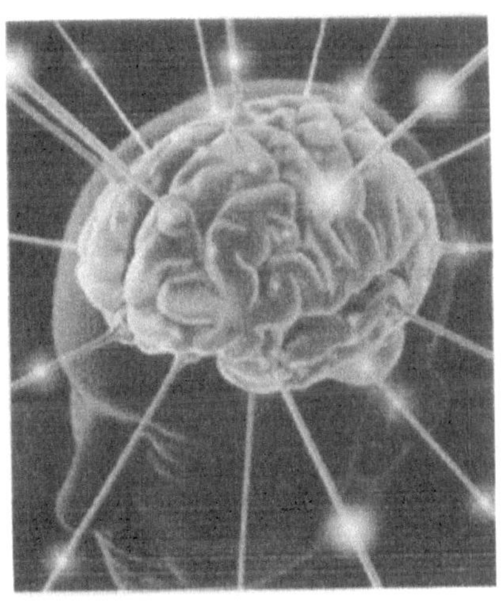

    पृथ्वी पर रहने वाला हर प्राणी सोचता है हर प्राणी को सोचने को स्वंतत्र है जैसे की हम सब जानते है पृथ्वी पर रहने वाला हर प्राणी को सोचने पर कोई रोक नहीं है हर प्राणी की अनुमति है कि वह सोचे मगर हर किसी की एक जैसी सोचने की शक्ति प्रदान की गई है बिलकुल नहीं

पा यू कहे हां इस समस्या का समाधान है नहीं हाँ कह सकते है मगर कुछ ऐसी जरूरतों के लिए जो हर प्राणी करता है जिसमे हम जोड़ सकते है खाना रहना और प्रजनन करना इन मामलो ने पृथ्वी के हर प्राणी की सोच एक जैसी हो सकती हर हम कहे की हर मामले में जो उसका जबाब होगा नहीं हर मामले से मेरा मतलब है ज्ञान की लालसा भौतिक सुख की लालसा यहाँ वहाँ घूमने की लालसा खाना की उच्च प्रकति की लालसा कुछ हर वक़्त नया करने की लालसा इत्यादि जीवन भर प्राणी मनुष्य को छोड़कर इन्ही तीन चीजो के पीछे भगता है मगर मनुष्य के अंदर प्रकति ने या यू कहे कि विज्ञानं के तरफ से अलग है इसमें कुछ नए करने के बारे में सोचता रहता है और सोच हमारी जरूरत इंसान के पास जितने कम संसाधन होंगे वह उतना ही कम सोचता है मगर हर तरह से नहीं कई बार देखा जाता कि जितनी जरूरतों को और पाने कि कोशिश करेंगे हमारा दिमाग उतना ही और आगे की सोचने लगने लगता है जैसे अगर हमारे पास सिमिल संसाधन है मैंने माना कि मेरे पास एक रुपया है मगर उस एक रुपये से मेरा गुजारा नहीं हो रहा या यू कहे की उस एक रुपये से जो में खरीदना चाहता हूँ वो नहीं आ पा रहा उसको लेने के लिए और पैसे की जरूरत है तो उस जरूरत ने मेरे दिमाग को सोचने पर मजबूर किया अब मेरे अंतर आत्मा के ऊपर निर्भर रहता है कि उस जरूरत को में किस तरह से पूरी करु सकारात्मक तरीका तरीका से या नकारात्मक तरीका से अगर मैंने सकारात्मक तरीका से उस जरूरत को पूरी करने की कोशिश की तो जितनी आवश्याकता है उतनी ही लाऊंगा और अगर नकारात्मक तरीके से की तो मेरी सोचने की क्षमता और बढ़ जायेगी और कही न कही यह क्षमता मेरे शरीर तथा मेरी जरूरत को नुकसान पंहुचा सकती है इंसान के सोचने के हमेशा दो पहलू होते है पहला पहलू की वह किसके लिए कितना सोचता है दूसरा वह कितने के लिए किस हद तक सोच सकता है हमारी सोच हमेशा चलने वाली प्रक्रिया है जो कभी नहीं रूकती उठते, बैठते, सोते, जागते हर समय वस इसमें परिवर्तन रहता है जरुरत का अगर मानवीय मस्तिक को हम सामाजिक रूप से देखे तो पाएंगे कि यहाॅ मनुष्य एक दूसरे की बुराइया अच्छाईयाँ देखता रहता है जीवन का एक पहलू तो यह है कि ज्यादातर मनुष्य आपने दुःख से

ही दुखी नहीं है बल्कि दूसरे की ख़ुशी से दुखी है और कही न कही इसे अगर सामाजिक से लेकर देखे तो यह पृथ्वी पर रहने वाले हर प्राणी के समाज में होता है मनुष्य के समाज में वश् फर्क रहता है कि वो उसके सुखी रहने को उससे कह नहीं पता जो जानना चाहता है कि वह सुखी कैसे है मगर वह पूछ या उस व्यक्ति से जाकर बोल नहीं पाता उसके बारे में जानने की इच्छा होती है मगर पूरी नहीं कर पाता ऐसे हम सामाजिक डॉ कहे समाज के जो नियम या कानून होते है उसमें रहके अगर कोई व्यक्ति कार्य करता है तो उसे समाज आंच या यू कहे वो उसे पुरुस्कारती हक़ अगर इसके विरुद्ध कार्य करता है तो उसे दण्ड के भागीदारी बनाया जाता है इसे अगर इंसानी शब्दावली से समझे तो हम पायेगे की समाज में हर मनुष्य दिल और दिमाग से अच्छे विचार और करे विचार आते रहते है मगर उन विचार को आप समाज के सामने रखते है या प्रस्तुत करते है जैसे की कई सदियों से मानना है कि समाज में औरतो को हमेशा उस दिशा से या यू कहे कि प्रकार देखा जाता था कमजोर है लाचार है लेकिन समय बदलते-बदलते आज और मर्द दोनों समान है ये नियम समाज में रहने वाले व्यक्तियों ने बनाये वे जो आने सुख को या अपनी उस चाह को पूरा करना चाहते थे जो चाह पुरे समाज के लिए खतरा साबित हो सकती थी अभी वर्तमान स्थिति में पृथ्वी पर कई ऐसे देश या गांव या फिर उन्हें समाज कहे की वहाँ की इन्सानो की मानसिक सोच तो कई सदियों से चली आ रही रीती रिवाज को आज भी मानते है उन्हें या उनके दिल में एक ऐसा डर भरा हुआ है जो कभी नहीं निकलेगा या कहे की उसे शत प्रतिशत कोई नहीं निकाल सकता इस बीच उनके दिमाग अगर उनके विरुद्ध कोई बात कर दे या कहे की ये सब करने से कुछ नहीं मिलता यह सब एक भ्रम है तो वह समाज उसे दंड देने में नहीं। रुकेगी इन्सानी दिमाग या यू कहे की दिमाग जीवन पर्यतन काम करता है हर दिमाग को अनुभव नहीं प्रदान होता है लेकिन मनुष्य का दिमाग हर वक़्त को अनुभव करता रहता है अगर किसी के दिल और दिमाग में ये बात डाल दी जाये की वह कल मारने वाला है तो वह आज ही मर जायेगा यह सिर्फ डर है कि भावना उत्पन होने से है मगर ये सब डर अकेला नहीं कर सकता है उनके साथ कई और बिचार रहते है जैसे

आने वाले कल के बारे में सोचना बीते हुए समय के बारे में सोचना आपने परिवार के बारे में सोचना इत्यदि ये सारे विचार एक साथ दिमाग में उत्पन हो जाते है और दिमाग अपनी एक समय कि क्षमता के सोचने के स्थान पर उस समय पर एक साथ कई विचार आते है और उन विचारों को मनुष्य का दिमाग संभाल नहीं पता वह विचार दिमाग हमारे दिमाग के नर्वस सिस्टम को तेज काम करने पर मजबूर कर देते और हमारा सिस्टम ये प्रेसर हार्ड पर डालने लगता और हार्ड इस प्रेसर से तेज चलने लगता जिसके परिणाम इंसान की मौत हो जाती है कि इस दिमाग को हमारा शरीर चलाता है और ऐसा पाया गया कि दिमाग शरीर को चला रहा है मगर इन दोनों को चलाने वाला वला भी तो कोई होगा उसे हम अलग-अलग नामो से जानते कोई कहता है भगवान ,गोड, ईश्वर कोई उसे प्रकृति या यू कहे कोई ऐसी ऊर्जा जो हम सबको ऊर्जा प्रदान कर रही है आपको बात बताते चले की ब्रहमाण्डमें कई आकाशगंगाये है उन्ही में से एक हमारा सौर मंडल है अगर हम पृथ्वी से सुर्य को देखे तो पाएंगे कि सबसे ज्यादा तेज चमकने वाला गृह है हमारे दिमाग में भी अलग-अलग तांत्रिका तंत्र बिछी हुई है अलग-अलग तांत्रिक का अलग-अलग काम है और हमारे दिमाग के अंदर सकरात्मकबूतज प्रदान करता करता है कोई हमारे दिमाग के अंदर नकारात्मक ऊर्जा और हमारे दिमाग के अंदर ये दोनों का होना जरुरी है जिसे हम वेलेंस का नाम देते है या यू कहे की हमारे दिमाग का संतुलन बिगड़ जायेगा जिसके कारण कई बार हम अपने आप को या यू कहे कि अपने किसी अपने को नुकसान पंहुचा देते है जिसे हम सामाजिक रूप से पागल कहते है इसका संतुलन रखना हर किसी इंसान का दिमाग नहीं रख सकता इसे संतुलित रखने के लिए बॉडी और ब्रेन दोनों को एक साथ मिल कर काम करना पढ़ता है इस बीच काम करता है हमारे शरीर के ऑर्गन जो वेलेंस बनाये रखते है और ऑर्गन को ऊर्जा प्रदान करता है भोजन जो हमारे शरीर को संतुलित है हमारॉ दिमाग वही करता है जो वह देखता है सूंघता है सुनता है क्योंकि कई बार देखा जाता है कि दिमाग के काम करने के पीछे सबसे बड़ा हाथ देखने का होता है देखने के उपरांत विचार उत्पन होते है मगर ये सब निर्भर करता है कि आप क्या देख रहे है हर एक सीन के दो पहलू होते है

जैसे :- पहला होता हज वो आईना जो कहता है तुरंत कदम उठाया जाय और दूसरा वो जो सोच विचार कर कदम उठाया जाए कई बार देखा जाता है कि सोच के उठाया हुआ कदम भी घातक साबित होता है और कई बार जल्दी उठाया हुआ कदम भी घातक साबित होता है जैसे :- किसी की जान बचाने के समय उठाया हुआ कदम सही है मगर पता चलता है कि जिसकी जान बचाई है वह पहले से ही कई लोगो की जान ले चुका है अक्सर देखने को मिलता है कि जल्दबाजी में उठाया हुआ कदम गलत साबित होता है मगर क्या ऐसा होता भी है कि वह कदम कई लोगो की जान बचाता है बिलकुल ऐसा होता है अगर हम एक केस लेते है अगर कही और आपको देखने में या सुनने में आता है कि किसी बिल्डिंग में आग लगी है आपके पास उस समय दो ऑप्शन है पहला की आप अपनी जान की फ़िक्र न करके उन सभी लोगो की जान बचाये जो की आप आचि तरह से कर सकते है दूसरा आप बैठ के सोचे की वहाँ जाऊ या न जाऊ क्योकि वहाँ आपको भी नुकसान पहुच सकता है इसका सीधा सेन्स आपके डर को दर्शाता है पहला आपकी बहादुरी या काबिलियत को अगर आप जल्दी कोई कदम उठाते है तो कई लोगो की जान बच सकती है अगर सोच विचार कर या यू कहे की देर से कदम उठाते है तो कई लोग मारे जायेगे उस समय जो हमारा दिमाग सोचेगा वही हमारा शरीर करेगा अब दूसरा केस लेते है आप सफर कर रहे है सफर के दौरान आपको एक व्यक्ति मिलता उस व्यक्ति को अचानक हार्ट अटैक या मिर्गी आ जाती है आपका दिमाग भी उस समय वही काम करेगा उसे बचाने की सोचेगा और आप उसको बचा लेते हज मगर आपको बाद में पता चलता है कि कुछ समय पश्चात् की वह व्यक्ति जिसे आने बचाया है उसने किसी गाड़ी में बोम्ब लगा रखा है अब आपका दिमाग जो सोचेगा अफ़सोस वाला एमोसन्स वैसा ही आपका शरीर काम करेगा। इंसानी दिमाग की यही प्रक्रिया तो इंसान को अच्छा और बुरा सिखाती है यही बताती है कि समय के अनुकूल रहना चाहिए। जो हम देखते है सुनते है बोलते है वही हमारे हर वक़्त सामने आता है कहते है कि हर समय इंसानी दिमाग चलता रहता है मगर कैसा चलता है क्या सोचता है किस बारे में सोचता है ऐसा कई बार देखा जाता हूं कि जो हम सोचते है वो हम कर नहीं पाते

ये नहीं कर पाने का श्रेय जाता हज समय को कि समय क्या चलता है मतलब की थके हुए शरीर के समय आप बिजनेस के बारे में सोचेंगे और समय आप निर्णय लेंगे तो वह निर्णय गलत गलत होगा आपका सोचना डिपेंट करता है परिस्थिति पर की किस समय कैसी परिस्थिति है अगर आप उसके अनुकूल सोचते है तो आप सही निर्णय लेंगे अगर उसके प्रतिकूल सोचते है तो आप निर्णय नहीं ले पाएंगे सही वाला निर्णय जैसा कि में पहले बता चूका हूँ कि सोचने का श्रेय जाता है जरूरत को । दिमाग और शरीर की अगर जरूरत पूरी होती रहेगी तो वह एक समय उपरांत सोचेगा और सही निर्णय लेंगे अगर बात करे चाह की कितना चाहिए वो सह डिपेंट करता है हमारी शिक्षा के ऊपर की आपको किस प्रकार की शिक्षा मिली है हर समय चाह रखना हमारे लिए और हमारे अपनो के लिए घातक साबित हो सकता है इंसानी दिमाग हो या किसी अन्य जिव का दिमाग सबके अंदर अपना पन रहता है और उसकी सोच भी कहते है कि प्रकृति कभी किसी का नुकसान नहीं करती ये सही भी जिस प्रकार इंसानी शरीर कभी अपने आप को नुकसान नहीं पंहुचा सकता उसी प्रकार प्रकृति किसी को नुकसान नहीं पहुचत

"सही समय पर सही सोचना ही जीवन मूल उद्देश्य है"

हमेशा हर प्राणी सोचता है कि आज या कल मुझे ये वस्तु मिल जाये तो मुझे आनंद आ जायेगा मगर वो पहले ही उस आनन्द की अनुभूति कर चुका है जो मिलना है वह पहले ही उस वस्तु का आनंद ले चुका है बस देरी है उसके पास आने की ताकि वह और अधिक आनंद ले पाये जब है सोचते की ये मिल जाये वह मिलने से पहले ही आप उसके ओर जा चुके है आनंद प्राप्त कर चुके है बस अब जरूरत है और अधिक कि। ह्यूमन ब्रेन स्वयं सोचता है या फिर इस सोचने पर मजबूर किया जाता है इस वह स्वयं चलता है? या इसे (ब्रेन) को दूसरा कोई कंट्रोल करता है अगर यह (ब्रेन) स्वयं चलता है तो विषम परिस्थितियों में यह ज्यादा क्यों सोचता है? अगर इसे कोई दूसरा कंट्रोल करता है तो वो कुआँ है? वह कोई ऊर्जा या अणु या परमेश्वर कहे वो है तो किसी ऊर्जा को एक दूसरे में जाने कि क्या जरूरत है? अगर उसे एक दूसरे में जाने की जरूरत है तो समय का क्या काम वो स्थिर भी रह सकता? अगर ऊर्जा को समय की जरूरत

है तो उसे हम ऊर्जा का नाम क्यों दे? इन सब सवालो के जबाब इस से किताब के अंदर मिल जायेंगे।

1. क्या यह स्वयं सोचता है या फिर इसे और कोई सोचने पर मजबूर करता है?

अगर हम बात करे आज से फिर ग्रीक सभ्यता या मैसिडोनिया सभ्यता या सिन्धु सभ्यता, या माया सभ्यता या सुमेरियन सभ्यता के काल की तो हम पाते की उस समय की मानव समाज और आज की मानव समाज में परिवर्तन हुआ लेकिन ये परिवर्तन किस प्रकार का परिवर्तन कहे क्या इसको हम कल्चरर परिवर्तन कहे या Thiking परिवर्तन कहे या मशीनी परिवर्तन अगर हम बात करते है कल्चरर की तो हम पाते है कि उस समय के कल्चरर में आज के कल्चरर में फर्क इतना है की उनके रहे के स्थान और आज के मानव के रहने के स्थान में बनाने की विधि में परिवर्तन देखा जाता है दिजैंबकी बात कारे तो हम अपयेगे उस समय की डिजाइन और आज की डिजाइन में बहुत फर्क है। अगर हम खाने की नबाट करे तो हम पायेगे उस उस समय के मानव और आज के मानव सिर्फ फर्क इतना हुआ की वह जो खाना खाते थे उसी खाने को आज का मनुष्य खा रहा है पर उस खाने को परिवर्तन करके नये ये डिसिस बनाकर और अगर हम बात करे उस समय के पहनावे की और आज के प्रज़ होते हुए मनुष्य के पहनावे कि तो हमें कोई ज्यादा परिवर्तन देखने तो नहीं मिलता इस सब को देखकर लगता है कि आज का मानव प्रज़ तो है मगर उस समय के मानव से ज्यादा नहीं जैसे की हुक सभ्यता हुई माया सभ्यता के लोग तो Telepathy (मानसिक दूरसंचार) में आज के प्रज़ मनुष्य से कई गुना आगे थे जो भी मानव की सोच अभी तक रही हम वह मान के चल सकते है कि इसकी सोच में परिवर्तन नहीं हुआ लेकिन वर्क करने का अंदाज बदला है इसमे परिवर्तन जरूर हुआ हम बात करते है उस मनुष्यो की जो किसी न किसी से हर हर समय अलग unki रहे वो मानव जो इनकी संख्या का परसेन्ट लगभग न के बराबर है मगर ऐसा मनुष्य होते है हम अपनी रियल लाइफ में पाते कि जो काम हम नहीं कर पाते बो कभी कभी वही unik मनुष्य क्र देता है जैसे -अक्सर हम देखते कोई मेटल कंट्रोल करता है कोई किसी दिमाग को कंट्रोल करता है

इत्यादि कभी-कभार हमें कुछ चीजें प्रेसन करती है दिमाग में हर समय एक ही बात घूमती रहती है ऐसा क्यों होता है इसकी होने की खास वजह क्या है हम हमारे ह्यूमन ब्रेन एक जैसे होते वजन में साइज में मगर सबको समस्या अलग अलग होती है अब बात करते है उस वक़्त की जब हमें एक ही बात दिमाग में घूमती है प्रेसन करती रहती इसका मुख्य कारण है सही समस्य पर सही निर्णय लेना जल्दीबाज़ी में लिया गया निर्णय हमें नुकसान वाला होता एक बात बार-बार परेशान कर्म के कई कारण हो सकते है मगर ऐसा तो कभी नहीं होता की हमारे साथ कोई घटना नहीं घटी हो फिर भी परेशान होते है ऐसा नहीं होता। आम जन मानस अक्सर ऐ देखने को मिलता है कि एक ही बात को बार बार सोचता है मगर ऐसा करना हमारे दिमाग के लिए Daily ruteen (दिनचर्या) के परेशानी बढ़ती है अगर हम एक समय पर एक ही बात बात सोचे और उसे करे तो दिमाग कभी नहीं भटकेगा मगर हर मनुष्य ये नहीं कर पाता ऐसा करना हर मनुष्य सिख सकता है मगर इस पर फोकस किया जाये तब कियु हमारे दिमाग में जो बात आई या जो थिंकिंग आई उसका श्रेय आपने आस पास होने वाली घटनाओं के कारण आती है और इन सब परेशानियो को भी कंट्रोल किया जाता है मोग के जरिये इस परेशानी से सामना किया जा सकता है पृथ्वी पर रहने वाला हर प्राणी के पास प्रॉब्लम है मगर हर प्राणी के पास उपाय नहीं है सिर्फ मनुष्य ही एक ऐसा प्राणी है जो हमेशा नये-नये उपाय करता है इसी लिए इसे पृथ्वी का सर्वश्रेष्ठ प्राणी बताया गया मन गया है

अब हम बात करते है इसके दिमाग में उत्पन होने वाली सोच की, हमारे दिमाग के अंदर असंख्य तांत्रिक - तंत्र है इसमें से कुछ पॉजिटिव रिस्पांस देती हर मनुष्य के अंदर ये खुबिया पायी जाती है कहते है कि जो भगवान गॉड अल्लाह को मंजूर होगा वही होता है तो ये सब इंसान को कंट्रोल करने वाली पॉजिटिव इंद्रियां है जो सारे मनुष्यो के अंदर होती है इन्ही को हम ऊपर वाला भगवान अल्लाह इत्यादि नमो से पुकारते है किसी भी मनुष्य का जब कोई काम अच्छा हो जाता है तो वह इस पॉजिटिव इंद्रियों को Thanks कहता है जब किसी का बुरा हओ जाता है तो तो वह

उसे कोसता है जब सभी इंसान के अंदर पॉजिटिव और निगेटिव है तो वह सिर्फ पॉजिटिव इंद्रियो को ही क्यों दोषी ठहराता है जब की सारा काम पॉजिटिव और नेगेटिव दोनों में मिल कर किया जाता है।

इस बात का जबाब है लालच छह हमेशा अच्छा होने का लालच मनुष्यो की ऐ प्रवृति हमेशा से ही रही है ।

अब हम बात करते है क्या इसे और कोई कंट्रोल करता है मनुष्य के दिमाग को।

अब हम आध्यात्मिकता में दाखिला हो रहे है। इसके दिमाग और कोई कण्ट्रोल नहीं करता है ये स्वयं ही अपने आप को कंट्रोल करता है ये स्वयं सोचता।

इस पृथ्वी पर हर प्राणी स्वयं के कर्म से नहीं भाग सकता जब से मनुष्य का जन्म होता है उसी समय से उसका कर्म शुरू हो जाता है प्राणी के जीवन का हर मूवमेन्ट हर हरकत उसके साथ तथा उसके जीवन का अंग बनती चली जाती है जो हम करते वही हमारे सामने होता।

इस बारे में अगर हम scince section में बात करे तो हम पायेगे हमारी हर हरकत या मूवमेंट को हमारे सेल या यू कहे इंद्रियां इस चीज को नोटिस करती है हमारा ब्रेन हर किसी को नोटिस करता है और वही बात हमारे सामने आती है। कई बार हम देखते है हमें लगता है कि कोई ऐसा सीन हमारे दिमाग में आता है लगता है यह मैंने पहले देखा है या महसूस किया है यह हर हरकत वही इंद्रिया दोहराती है समय का दूसरा नाम है परिवर्तन होना जो हर जीव या हर प्राणी में होता है चाहे वह मनुष्य हो या जानबर सब में परिवर्तन होता है पर परिवर्तन होना हर प्राणी का अलग अलग ढंग है हमारे आर्गन्स जो देखते है या पार्ट जो देखते है ,सुनते है , सूंघते है महसूस करते है वही मूवमेंट हमें दुबारा देखने को मिलता है कहते है कि एक मनुष्य के अंदर कई और मनुष्य रहते है इस बात का कहने का तात्पर्य है कि हर उस समय पर किया गया कार्य जो आंच और बुरा बताता है वही हमारा दिमाग दोहराता है अगर हम कुछ गलत की और बढ़ते है तो हम पाते है है कि हमारी सकारात्मक इंद्रिया उसके लिए परेशान हो जाती है और हमारे अंदर एक ऐसा भाव उत्पन होता

है जिसे हम गुस्सा या क्रोध के नाम से जानते है इसके लिए आने का श्रेय पॉजिटिव और नेगेटिव अर्गन के बीच तनाव उत्पन होता है और उस तंव के बीच उत्पन होने से हमारी बॉडी में एक extra energy उत्पन होती है उस एनर्जी में ज्यादातर इंसान गलत फैसला ले लेते है और वह लिया गया फैसला हमारे जीवन तथा दिमाग में बैठ जाता है एक हिस्सा बन जाता है और कही न कही जीवन में वह दोहराता है वापस आता है इसलिए विज्ञान और अध्यात्म इस बात से परेशान है कि ऐसा कियु होता है ? ऐसा होने का श्रेय जाता है हमारी दिनचर्या को हमारी दिनचर्या ही हमारी लाइफ (जीवन) को अच्छा या बुरा बनाती है जो हम रोज की लाइफ में करते है वही हमारे भविष्य को निर्धारित करती है । अगर हम कोई अच्छा कार्य करते है तो आने वाले समय में वही हमारे सामने आता है अगर हम कोई बुरा काम करते है तो वही आने वाले समय में हमारे सामने आता है। इस बीच हमारी thinking हमारा साथ देती है। अगर कोई कार्य अच्छी या positive सोच के साथ किया जाता है तो उस कार्य में हमें अच्छा फील होता है अगर negative के साथ किया जाता है तो हमें कार्य करने के बाद बुरा फील होता है (यहाँ पर बुरा का मतलब संतुष्टि न मिलना)

हमारी सोच का एक और पायदान होता है जो हमें एक extra energy प्रदान करता है वह पायदान हमारे वातावरण से आता है

कई बार देखा जाता है कि अगर हम किसी फूलो वालो या प्योर वातावरण में जाते है तो हम ओट है कि हमारा शरीर और दिमाग दोनों अच्छा फील करते है। और अगर किसी ऐसे स्थान पर जहाँ कूड़ा-कचड़ा या गंदगी हो तो हमारी बॉडी और ब्रेन दोनों वहाँ से जल्दी भागने की कोशिश करते है। या उससे जल्दी पीछा छुड़ाने की सोचते है ।

इस कभी - कभार गंदगी में जाने के उपरांत हम पाते की वहाँ हम गुस्सा आ रहा है (गुस्सा का सेन्स दिमाग में negative orange का उठना)

मनुष्य दो तरह से सोचता है एक सकारात्मक और एक नकारात्मक। मगर इसमें मनुष्य की प्रवृतियो होती है जिसके बीच में वो पक्ष आता है जो इन दोनों को मात देते हुए आगे निकलता है।

इसी प्रकार मनुष्य के अंदर दो मनुष्य होते है या रहते है।

1. पहला वो मनुष्य जो अपने आप को दिखाने के लिए कुछ भी क्र सकता है।

2. दूसरा वह मनुष्य जो अपने आप को देखने के लिए जीता

इन दोनों में कोई ज्यादा करक नहीं होता मगर जीवन के छोटे छोटे कदमो में इसका असर देखने के लिए मिलता है । अगर हम दोनों पक्षयो की बात करे तो हम पायेगे की हमारा मन हमेशा उदास राहेगा किसी एक को सिलेक्ट करना बहुत बड़ी बात होती है ।

हम पहले पक्ष की बात करते है

मनुष्य अपने आप को दिखाने के लिए कुछ भी कर सकता है ।

इस मत में मेरा मत है इस श्रेणी में वो लोग आते है जो सिर्फ झूठा दिखावा करते है उन्हें लगता यही की पृथ्वी के केंद्र में पृथ्वी पर रहने वाला हर प्राणी को वही चला रहा है उसे आपने आप को समाज को सिर्फ उस बुनियाद पर दिखाना पसन्द है जिस बुनियाद पर वह नहीं होता है उन लोगो की श्रेणी में आते है समाज में छुपे वो लोग जिन्हें सिर्फ हमेशा अपनी पड़ी रहती है समाज में सिर्फ उनका उल्लू सीधा होना चाहिए। वो लोग हर उस काम में बढ़ चढ़ कर हिस्सा लेते है जहाँ उन्हें लगता है कि यहाँ पर में अपने आप को बड़ा सभीत कर दूंगा लेकिन ऐसे लोगो की गिनती सभ्य समाज में सबसे नीचे आती है क्यों कि समाज में सबको बराबर के साथ जीने का अधिकार होता है लेकिन वह वही लोग उन कमजोर व्यक्ति को कोई रिस्पेक्ट नहीं देते अगर वही लोग हर इंसान को सम्मान देने लगे तो मुझे लगता है कि मानवता की नई मिशाल खाड़ी होगी झूठा दिखवा करने वाले लोगो को लगता है कि वह हर किसी की मदद करते है लेकिन वह ऐ भी अच्छी तरह से जानते है कि सिर्फ वह आने हित के लिए मदद कर रहे है। कई बार देखा जाता है कि उन्ही झूठे लोगो को देख देख कर सभ्य आदमी में झूठा बन जाता है

जैसे :- अगर कोई व्यक्ति किसी झूठे दिखवे करने वाले को देखकर सोचता है कि इसको सारे जन पहचानते है इसकी काफी पहचान है तो वह धीरे - धीरे उसकी और झुकने की कोशिश करेगा उसी के जैसा कार्य करने की कोशिश करेगा ।

मगर इस कार्य हेतु उसके अंतरात्मा से कभी भी सकरात्मक भावना उत्पन्न नहीं होगी वह हमेशा आने आप गलती फील करता रहेगा।

अब बात करते है दूसरे पक्ष की।

वह मनुष्य जो अपने आप को देखने के लिए जीता है

इस मत से मेरा मतलब उस मनुष्य से है जो हमेशा दुसरो के हित की सोचता करता है या करने या प्रयास करता है मगर वह उसी काम में अपने आप को देखने की कोशिश करता है। अगर ऐसे व्यक्ति से कभी भी कोई भी छोटी से गलती हो जाती या वह किसी की मदद नहीं कर पाता तो वह अपने आप को दूरिया का सबसे कमजोर व्यक्ति मंटा है वह सोचता रहता है बार बार सोचता है जब तक वह अन्य किसी दूसरे की मदद न कर दे। इस सोच माँ सम्बन्ध दो तरीका से होता है

1. पहला तरीका होता है कि किसी व्यक्ति के अंदर की सोच को वह स्वयं सोच रहा है या उसे को सोचने पर मजबूर कर रहा है 2. कोई व्यक्ति वह सोच किस तरीका के लिए सोच रहा है अपने लिए या किसी दूसरे के लिए।

इसमें से पहले तरीके की बात करे तो हम पायेगे की व्यक्ति की जो सोच स्वयं उठी है या किसी ने मजबूर किया है।

स्वयं उठने का मतलब है कि वह बिना किसी के कुछ कहे या बिना कुछ देखे वह स्वयं के दिमाग में उठी बाते या फिर किसी के कहने मात्र से या किसी के के दिखाने मात्र से उसकी वह सोच जागी। समाज में अक्सर ये चीज देखने को मिलती है कि जो व्यक्ति उसकी को देख कर अपने अंदर की भावना जगायेगा अपनी thinking को बहार लायेगा वह Dipend करता है कि उसने उस देखी हुए moment को सकारात्मक तरीके से लिया या नताकात्मक तरीके से। अगर उसने सकारात्मक तरीके से लिया तो उसके बाद डिपेंट करता है उस समय की परिस्थति पर। व्यक्ति का दिमाग एक समय में एक ही चीज। नोटिस कर सकता है ऐसे रियल केस देखने तो मिलते है कि एक ही समय एक ही व्यक्ति दो या कार्य कर पा रहा है। यहाँ पर परिस्थति से मेरा मतलब है कि क्या हुआ समय उसने क्या देखा है

जैसे :- किसी व्यक्ति ने किसी दूसरे व्यक्ति के घर में चोरी की और

उसे चोरी करते किसी अन्य व्यक्ति ने देखा लिया। देखने वाले लगा की वह चोर है। उसने चोरी की मगर उसने वह चोरी किस कंडिसन में की ये जानना जरूरी होता है अगर उसकी चोरी करने की परिस्थित किसी की जान बचाना होती है तो उसने वह चोरी सही मायने में कि। जहाँ पर व्यक्ति मानवता को लेकर कोई घटना करता है तो वह सही मानी जाती है ।

3

क्या अन्य जीवों से अलग है

आज हम वात करते पृथ्वी पर रहते उन अन्य जीवो की जिसकी तुलना मनुष्य के दिमांग के साथ कि जाती जिनके ऊपर अभी तक मनुष्य ने काफी गहरे रिसर्च किये हुये है! उन प्राणियों की जिसका दिमाग कई मामलों में मनुष्य से अलग काम करता है मनुष्य से अलग सोचना है अलग करता है पृथ्वी पर कुछ ऐसे जीव भी जिसको पृकृति द्बारा ही एक अलग शक्ति या यूं कहे की अलग पावर मिली है जिसके ऊपर मनुष्य ने अभी काफी रिसर्च कि है और कई मामलों मे वो काफी हद तक सफल भी रहे ! लेकिन कुछ अभी भी ऐसी गुथ्थीयाँ है जिनको सुलझाना बाकी है इस पृथ्वी पर रहने वाला हर प्राणी का लगभग सभी का समान होता है हर समाज में अलग अलग खूबियाँ होरी है हर समाज मे पाया जाता कि उसका असित्व वना रहा है हर समाज चाहती है कि मुझे भी कोई जाने पहचाने पृथ्वी पर रहने वाला हर प्राणी में तीन खूबियाँ देखी जाती है 1 प्रजनन करना 2 भोजन करना 3 या अमर होना जिसमें से तीसरे का हो किसी भी प्राणी के कंट्रोल में नही है या वश में नही है! कहते है कि जिसने भी जन्म लिया उसका मरना निशिचत हैं उसका जाना तय है, इस पृथ्वी पर रहने वाला हर प्राणी की एक समय सीमा है। चाहे वह मानव हो या पेड पौधे या अन्य जीव किसकी कितनी उम्र है कितनी नही यह तय होकर

आता है! हम बात करते पृथ्वी पर रहने वाला एक ऐसा प्राणी जिसका दिमाग मनुष्य के दिमाग से अधिक काम करता है। लेकिन कुछ मायनो हम वात कर रहे है डॉलफिन मछली की जी हाँ अभी तक के रिसर्च में पाया गया है कि वह अपने दिमांग का 20% यूज करती है लेकिन उसका उपयोग वह किन मायनो में करती है!

1 वह अपने दिमांग के 20% का इस्तेमाल अपने शिकार पता लगाने में

2 वह अपने दिमांग का इस्तेमाल ग्रुप को ढूढने में अपने साथ मे रहने वाले साथियो का पता लगाने में इत्यादि

डॉल्फिन के पास ऐ पावर आदि कहाँ से कौन उसे अपने दिमांग का 20% हिस्सा इस्तेमाल करने की शक्ति प्रदान करता है ? डॉल्फिन को अपने दिमांग का 20% इस्तेमाल करने की शक्ति उसका माहौल प्रदान करता उसकी सोसायटी प्रदान करती उसके रहने का स्थान प्रदान करता है! उसका दिमांग एक इको लोकेशन सिस्टम पर काम करता है। जिसके जरिये वह अपने शिकार शत्रु अदि की पहचान करती है!

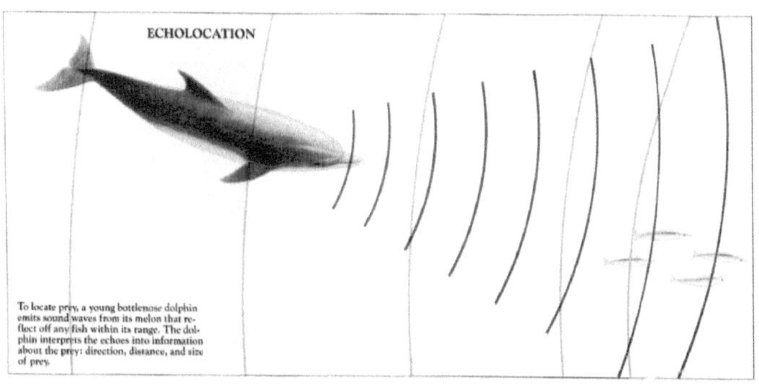

To locate prey, a young bottlenose dolphin emits sound waves from its melon that reflect off any fish within its range. The dolphin interprets the echoes into information about the prey: direction, distance, and size of prey.

वह अपने सिस्टम का उपयोग अपनी वॉडी पावर तथा अपने वातावरण के थ्रू इस्तेमाल करती है लेकिन इन्सानी दिमांग नोरमल इस पावर को उपयोग नही कर सकता इसके लिये उसे अपने माहौल मे परिवर्तन तथा अपनी दिनचर्या मे परिवर्तन करना होता है जैसे अगर हम वात करते है योग की तो वह योग के जरिये अपने इस पावर का

इस्तेमाल कर सकता है जिसके लिये एक लम्बी समय अवधि लग सकती है।

इन्सानी शरीर व दिमांग को एकस्ट्रा एनर्जी की जरूरत होती है और वह ऐनर्जी सिर्फ योग के माध्यम से आती है जितनी आक्सीजन इन्सान अपने अन्दर प्रवेश कर सकता है वह अपने दिमांग का उतना ही प्रतिशत इस्तेमाल कर सकता है ! पृथ्वी पर रहने वाला हर प्राणी को आक्सीजन की जरूरत पढ़ती है जिसके माध्यम से वो अपनी वॉडी और ब्रेन को उपयोग करता है। हर प्राणी के पास एक सिस्टम होता है वह इस सिस्टम का उपयोग किस प्रकार तथा कहॉ करता है।

इसका उपयोग हर प्राणी अपने - अपने अनुसार करता है। जैसे - डॉल्फ़िन , चमगादड , कबूतर , बन्दर , चूहा , इत्यादि ! यहॉ तक की इन्सान भी!

पृथ्वी पर रहने वाला हर प्राणी अपने वातावरण के अनुसार अपने आप को मेन्टेन रखता है।

कबूतर

जैसे कि इस पक्षी से लगभग साभी वाकिफ है इसके बारे हर जगह प्रचलित है कि यह सन्देश वाहक के रूप में जाना जाता है! पर इसका दिमांग और वॉडी में ऐसा कौन सा पार्ट रहता है जो इसे इतना एंटीक रहने की परमिशन देता है आइये इसी के वारे में वात करते है इसके पास एक अनोखी पावर प्रदान कि इसे सांइस फेक्सन में वात कर वो इसे हम space and time के सिद्धान्त पर काम करना कह सकते है इसकी याद रखने की अनोखी क्षमता ही इसे अलग बनाती है एक रिसर्च में पाया गया है कि कबूतर को आप कही भी कितनी भी दूर किसी अनजान स्थान पर छोड दीजिए वो वापस अपने उसी स्थान पर आ जायेगा जहॉं वह पहले रहता था इस रिसर्च से साफ जाहिर हुआ कि इसकी याददास्त नॉरमल इन्सान से कही ज्यादा होती है ज्यादातर पक्षी अपना दाना चुगने या खोजने में अपनी वॉयी ऑंख का ज्यादा इस्तेमाल करते है तथा इंसान ज्यादातर अपनी दॉयी ऑंख का इसका सीधा सम्पर्क हमारी वॉडी और ब्रेन से रहता है जिसका असर हमारी यादास्त पर आता है।

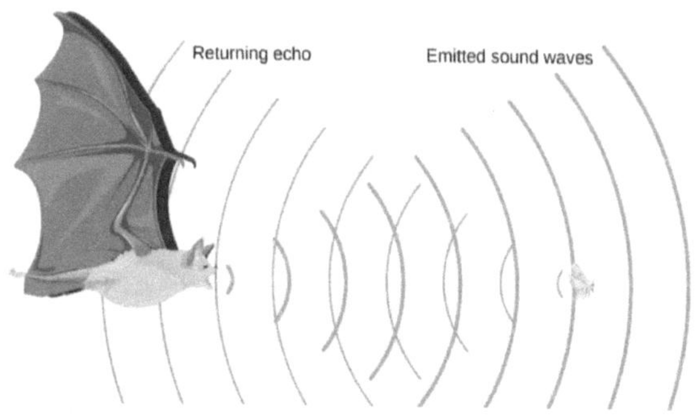

चमगादड

आज हम उस पक्षी के वारे में बात करेगे जो स्तनधारी होता जो वच्चे पैदा करता है जिसकी सबसे उच्च गुणवत्ता के लिये वह विख्यात है उसकी सबसे बडी खूबी है कि वह रात को देख सकता है कही पर भी

रात के किसी भी समय वह जा सकता अपनी पूरी रफ्तार के साथ उड सकता है विना कही भी टकराय अपना खाना ढूढ़ सकता है अपने दुश्मन का पहचान कर सकता है !

उस पक्षी का नाम है चमगादड जिसे इग्लिश में हम Beat के नाम से भी जानते है अभी तक की जानकारी के अनुसार यह एक एकलौता पक्षी है जिसमे ऐ सारी खूबियाँ इसे अन्य जीवो से अलग पहचान देती है! तथा यह इन्सान से अलग बनाती है ! इसका ब्रेन और वॉडी की एक अलग किस्म का काम करने की परमिशन देता इसका ब्रेन भी Eco loction system पर काम करता है। जो अपने खाना तथा अपना शात्रु (दुश्मन) को दूर से ही जानकारी दे देता है कि कितनी दूरी पर कितना बडा दुश्मन या खाना है इसके इस सिद्धान्त पर काम करने की वजह है इसका बॉडी स्ट्रक्चर तथा ब्रेन स्ट्रेक्चर क्योकि Nature ने हर किसी को यह शक्ति प्रदान नही कि पृथ्वी पर रहने वाले असंख्य जीवो में एक या दो जीवो को ही यह शक्ति प्रदान कि गई है पृथ्वी पर रहने वाला हर प्राणी को अपनी आत्मरक्षा तथा अपना भोजन तराशने के तरीके से अलग - अलग शक्ति दी है इन सब कि बराबरी वो इन्सान सदियों से करने कि सोच रहा है हालांकि इस पर खूब रिसर्च कि गई है ये करना उचित भी है जितना हम इस पृथ्वी को जानने कि कोशिश करेगे उतना ही हम इन्सानो के लिये सही रहेगा । क्याकि एक व्यक्ति को अपने रहने वाले घर के बारे में पूरी जानकारी नही वो तो वह वहॉ कैसे रह सकता है चमगादड को यह पॉवर उसका वातावरण उसके अंधेरे में रहने कि शक्ति ही प्रदान करती है कई बार ऐसा देखा गया है कि अगर इन वीटो (चागादडो) को अगर हम धूप मे छोड दे तो हम पाते है कि इनकी शाक्ति एक दम से खत्म हो जाती है। पृथ्वी पर रहने वाले लगभग 90% -96% प्राणी को धूप से एनर्जी मिलती है पर कुछ रियर ही प्राणी है जिसे रात से भी उर्जा प्राप्त होती है यानी अन्धेरे से ऐसा अक्सर हम अपनीरोजमर्रा की जिन्दनी में हम ऐसी काफी जीवो को इग्नोर करते है जिसमे एक अलग ही वात होती है कुछ ऐसा unik होता है जो उसे अन्य खाणी से अलग बनाता है अगर साइंस फेक्सन मे वात करे तो कुछ एक्स्ट्रा पावर मिल सकते है पृथ्वी

पर रहने वाले हर प्राणी की मे एक गुड कॉमन होता है जिसे हम महसूस शब्द के नाम से पहचानते है या जानते हैं हर प्राणी महसूस कर सकता है परिवर्तन उसके अलग - अलग स्वरुप में होता है जैसे कोई भूकम्प या प्राकृतिक आपदा आने से पहले कुत्ता , सॉप तथा अन्य जानवरों को सबसे पहले पता चल जाता है जैसे प्राणीयों मे खाना , पीना , सोना इत्यादि कॉमन लक्षण पाये जाते है इसके वाद भी अन्य गुण कामन होते है जैसा की पहले ही बता चुका है महसूस करना जितने भी रैगने वाले जीव है इन सब को पृथ्वी पर होने वाली कोई भी हलचल का पहले पता चल जाता है इस तुलना में मनुष्य सिर्फ अपने मशीनों के जरिये पता कर पाता है जबकि अन्य किसी प्राणी के पास कोई बनाई हुई मशीन या औजार नही हैं फिर इस मामले में वह मनुष्य से आगे है वे गुण भी मनुष्य के अन्दर है मगर समय और जल्दवादी के चलते वह इन गुणों को इग्नौर करता रहता है जैसे -हम अक्सर ये देखते है कि कोई घटना होने से पहले ही हमे एक अनदेखा एहसास हो जाता है ऐसा लगता है कि आने वाले समय में हमारे साथ कुछ अच्छा या बुरा होने वाला है मगर इस गुण को अपनी चाह रखते हुये मनुष्य इग्नौर कर देता है और उसे भूल कर आगे बढ़ता रहता है जब वह घटना सामने आ जाती है फिर उसको वह सोचता है कि में तो मुझे पहले ही पता था कि ऐसा होगा अगर हमारे साथ कुछ बुरा होता है तो हमे पछतावा होता है।

4

कितना प्रतिशत

आज हम ऐसे Topic पर बात करने जा रहे है जिसके अनुसार प्रथ्वी पर रहने वाला हर प्राणी अपनी दिनचर्या अपना जीवन तथा अपना एक - एक मिनट जीवा है अभी तक इन्सानी दिमांग तथा कई अन्य प्राणियो पर जितनी भी रिसर्च हुई है सारे रिसर्च में इन्सान ने यही जानने की कोशिश कि कि किस प्रकार या यू कहे कि धीरे - धीरे दिमांग आगे बढ़ता है तथा सोचने समझने कि क्षमता में बढ़ोतरी होती है जीवन के अगर छोटे आइने से वात करे वो पायेगे जो हम पहले थे वही हम अभी है फिर कहाँ से हम बढ़े हुये या आगे बढ़े लेकिन पृथ्वी पर रहने वाला हर प्राणी यह नही सोचता सिर्फ मनुष्य ही यह सोचता है। हर प्राणी के अन्दर इस वात को सोचने का विवेक नही होता है या कहे कि वह उसको इसकी जरुरत भी नही है ! लेकिन फिर भी कुछ ऐसे मामले सामने आते है जिसमे हम पाते है कि वह उन प्राणियो का दिमांग हम मनुष्य से ज्यादा काम करता है हम टोपिक में एक प्रतिशत कि वात शुरू करने जा रहे है जिस दौरान हम अलग-अलग प्रतिशत पर अलग-अलग हरकत को जानने कि वात करेगे इस % प्रतिशत कि शुरुआत हम मॉ के पेट मे पल रहे उस बच्चे से शुरू करेगे जिसने अभी तक पृथ्वी का चहरा नही देखा ! उसी समय से शुरू होता है हमारा दिमांग का डवलप होना यानी हमारे सोचने समझने की शक्ति उसके वाद शुरू होता है हमारा Socialization (समाजीकरण)

जब बच्चा माँ के पेट के अन्दर होता है तो हमारा Madical science तभी से अनुभव लगाना शुरू कर देता है यानी डॉक्टर जब बच्चो को या माँ के पेट को अपनी मशीनो द्वारा वो हम पाते कि अगर पेट अन्दर बच्चा जल्दी - जल्दी Movement (हरकत) कर रहा है वो उसकी इस हरकत से डॉक्टर लगभग के तौर पर वता देते है। कि ऐ बच्चा आने वाले समय मे बहुत ही स्वस्थ तथा बहुत ही तेज होगा (तेज का सेन्स उस गुण से जो हमारी समाज मे सातिर फास्ट या जल्दी काम करने वाला जल्दी सोच विचार करने वाला) अगर वह बच्चा पेट के अन्दर रह कर शान्त है या धीरे - धीरे हरकत करता है वो उसे हम कमजोर मानते है यह हमारे डॉक्टर का सेंस रहता है और लगभग कई मामलो में ये सही साबित होता है हाँ बहुत ही रियर केस ऐसे होते है जिसमे हम पाते है कि शॉत बच्चा भी सही निर्णय तथा सही हरकत करता एक नॉर्मल बच्चे की भाँति अब बात करते है प्रतिशत % की कि कितने % पर इन्सानी दिमांग क्या - क्या काम करता है क्या - क्या सोच सकता है!

अगर हम शुरुआत करते है 0% प्रतिशत से तो हम पायेगे कि इस परसेंट पर उस व्यक्ति को कोई भी कार्य हो खाने से लेकर एक रिसर्च करने तक सारी वाते सिखानी पड़ती है हर एक काम के वारे मे उसे बताना पडता है कि किस प्रकार क्या करना पडता है और इन्सानी दिमांग हमेशा सिखता रहता है हमारा दिमांग इस अवधि के दौरान ज्यादा Extrament से ज्यादा भरा नही रहता जो हमारे सामने आता है या जो movement हम देखते है वही हमे अच्छा लगता है
अब हम शुरु करने जा रहे है दिमाग की पहली स्टेज जिसको हम एक प्रतिशत कहते इस स्टेज ह्यूमन ब्रिन सिर्फ एक डर ताली हरकत करना शुरू कर देता है

जैसे - अगर कोई स्कूल जाता है। तो वह डरता है उसका ब्रेन डरा हुआ काम करता है

इस दौरान एक बात साफ होती चली हम अपने ब्रेन को अलग - अलग

उम्र के हिसाब से अलग - अलग प्रतिशत में बाटते चलेगे जब हम कोई काम करना शुरू करते है तो उस कार्य के बारे मे हम जितना सोचते है वह स्ट्रेज 2% मै आती है

जैसे - अगर हमने कोई वस्तु कही दी और वह हमें खोजना है इस खोजने के बीच जो हमारा दिमांग कार्य करेगा उसे हम 2 % प्रतिशत के स्थान पर ररवेगे

लेकिन इस स्टेज को अगर हम उम्र की सीमा पर रखे तो यह उम्र की सीमा को निर्धारित करता है 6 वर्ष से 12 वर्ष तक की को क्यो कि इस उम्र में हमें एक नई भावना का उदय होता है। जिस हमे कछ खोजने के लिये उकसाती है ह्यूमन ब्रेन ओर बॉडी में इस उम्र में नई भावना का उदय होता है। इस उम्र कि सीमा पर ब्रेन और वॉडी दोनों एक साथ सही समय पर काम करती इस उम्र के वच्चे को लगता है कि मुझे हर किसी मदद करनी चाहिये एक नया इमोसन प्रकट होता है जो दुनियाँ में हर उस प्राणी कि मदद करना चाहता जो उसे कष्ट में दिखे लेकिन यह सिर्फ होता परिवार कि परर्वारिश पर

अगर कोई बच्चा 5 वर्ष कि उम्र तक इमोशन से घिरा रहता है एक ऐसा इमोशन जो किसी कि पीड़ा को स्वयं कि पीड़ा महसूस करता है, ऐसा अक्सर समाज में देखा जाता है कि बच्चे को जो दिखाता है वह ज्यादातर वही करने कि कोशिश करता है इस उम्र का दिमांग पूरी तरीका से फ्री होता है जो एक बार देख लेता है वही सीख जाता है ऐसा रियल ही देखने को मिलता है कि इस उम्र का दिमांग निदयालु हो जहाँ उसकी उम्र 5 से आगे जाती है वह वही सब देखा हुआ अब करना चाहता है (कहते है दुनियाँ में सबसे पहला गुरु माँ होती है) |जिस बच्चे को आप जैसा दिखाओगे जैसा सुनाओगे वह वैसा ही बनता चला जाता है इस समय तक एक ह्यूमन ब्रेन 2 - 3 % तक काम करना शुरू कर देता है जहाँ उम्र 10 या 12 वर्ष से आगे जाती है उस समय के ब्रेन पर उस सब घटना का दुबारा असर होना शुरू हो जाता जो उसने देखा हो सुना हो

इस समय वह उस घटना को स्वयं पर डिपेन्ट रख कर सोचने लगता हे और यह सोच या यूं कहे कि इस समय का दिमांग कुछ पाने के लिये कम सोचता है। जितना भी काम करता है। वह अपने लिये कम दूसरो के लिये ज्यादा करने की कोशिश करता है जहॉ उम्र 12 से 18 वर्ष के बीच पहुचती है उसका दिमांग दुनियाँ को समझने की चाह रखने लगता है इस समय का एक करमकस में उलझा रहता है दुनियॉ को एक अलग नजरिये से देखने लगता है इस स्टेज पर हमारा (इन्सान) का दिमांग 3 - 5 % के बीच में पहुंच जाता है उसे कुछ नया करने की चाह उत्पन्न होती है वो चाहता है कुछ ऐसा किया जो किसी ने नही किया हो , अब डिपेंड हुआ दिमाग डाइवर्ट होने लगता है क्यों जो उसने देखा सुना उस पर उसे अब यकीन कम होने लगता है दिमाग सोचना है क्या सही और क्या गलत उलझ जाता है इस उम्र के बीच का दिमांग (12 - 18) सही और गलत के जंजाल में फसा रहता है दिमांग सोचता है जो मैने अभी तक देखा सुना क्या वो सही है या जो में अब देख सुन रहा हूँ कि वो सही , इस उम्र के दिमांग को अपने ऊपर कॉन्फिडेंट कमजोर सा पढने लगता है उसे लगता है कि जो मे कर रहा हूँ वह कितना प्रतिशत सही होगा या है इस वीच सबसे महत्वपूर्ण होती है उसकी शिक्षा , उसका दिनभर में देखा गया हर मूभमेंट अगर उसका वचपन ही उस स्थिति में गुजरा है (उस स्थिति सें सेन्स है गरीबी लाचारी इत्यादि) मगर 17 वर्ष तथा 18 वर्ष की निकलते ही वह फैसले लेना शुरू कर देता है इस समय इंसान का दिमाग 5 से 7 % प्रतिशत का आंकड़ा छूता है इस समय दिमाग में सही और गलत के निर्णय लेने की प्रक्रिया शुरू हो जाती है ! कई बार देखा जाता है कि इंसानी दिमाग सारी उम्र सही और गलत को पहचानने में निकाल देता है इस बीच काम आता है हमारा अनुभव ,अनुभव एक के ऊपर हम बात करेंगे अगले कुछ अध्ययनों में 18 से 25 की उम्र के बीच का दिमाग अपने आने वाले भविष्य के बारे में सोचने लगता है अपने करियर के बारे में सोचने लगता है , कहते हैं जिसको हार और जीत की फिक्र नहीं इज्जत और बेज्जती कि परवाह नहीं उसे कोई क्या हराया क्या मजाक उड़ायेगा , ऐसा बहुत ही कम केस देखने को मिलते हैं जो एकदम बेफिक्र होकर जीता है जिसको ना आने वाले समय की

फिक्र रहती है ना जाने वाले समय की वस अपनी मस्ती में मशरूफ रहता है जो दिखा वह किया जो दिमाग में आया वह कर डाला (जहां पर दिमाग में आया कर डाला से मेरा सेंस है कि वह बिना किसी को नुकसान पहुंचा कर किया हुआ कार्य) ऐसे दिमाग वाले इंसान को हमारा समाज सरफिरे के नाम से पुकारता है कई लोग इसे पागल का नाम देते हैं मगर पागल का सेंस पत्थर वाले पागल से नहीं है एक सरफिरे से है 25 की उम्र निकलते ही वह अपना लाइफ पार्टनर को ढूंढना शुरू कर देता है जहां पर हम बात करने वाले हैं एक ऐसे विश्वास की जो अनसुलझा है वह एक ऐसे साथी को ढूढता है जो उसके जैसा सोचता हो उसकी जैसी हरकत करता हो वह उसी को सेलेक्ट करने में पूरा दिमाग लगाता है जितना उस उसका दिमाग कार्य करता है समाज में रहने वाले हर व्यक्ति के साथ ऐसा होता अगर हम कहें 90 से 97 % तब वो यह कहना उचित होगा ! दुनिया के किसी भी समाज में ऐसा होना स्वाभाविक होता है क्योंकि अगर ऐसा नहीं होगा तो हमारी यानी मानव का अस्तित्व नहीं बचेगा इसलिए हर समाज में ऐसे नियम बनाये जाते हैं जिसको लगभग सभी वर्गों को मानना उचित रहता है ! जब हमारा विवेक उचित और अनुचित में फर्क करने लगता है वो वह स्टेज हम रखेंगे समझदारी में! 25 वर्ष की उम्र निकलते ही जिस स्टेज पर पहुंचते हैं तो हमारा समाज उस स्टेज को समझदारी में रखता है मगर यह समझदारी सबके दिमाग में आए यह भी संभव नहीं कह सकते कई केस कैसे देखे जाते हैं जिसमें हम पाते हैं एक 50 वर्ष तक की व्यक्ति में वह समझदारी नहीं होती जो हमें 18 से 25 वर्ष की उम्र के व्यक्ति में मिलती जिसको अगर हम समाज की पैमाने पर मां पर तो हम पाएंगे लगभग 5 से 10 परसेंट कैसे निकलते हैं समाज में हम व्यक्ति का होना जरूरी है चाहे वह कम दिमाग यूज करने वाला हूं चाहे वह ज्यादा दिमाग यूज करने वाला हूं क्योंकि अगर समाज में सभी व्यक्ति ज्यादा दिमाग यूज करने वाले होंगे तो हम पाएंगे कि उस समाज में जो छोटे लेवल के काम होते हैं उन्हें कोई नहीं करेगा जैसे मजदूरी कम किसान कम कारखानों में काम करने वाले छोटे स्तर वाले व्यक्ति जहां पर छोटे स्तर का मतलब होगा एक छोटा कर्मचारी और अगर समाज में कम दिमाग को यूज करने वाले होंगे तो हम पाएंगे

वहां की शिक्षा व्यवस्था मेडिकल सुविधा , रोड लाइन सुविधा का विकास नहीं हो पाता है इसलिए समाज में हर वर्ग का होना हर व्यक्ति का होना जरूरी है , कम दिमाग का इस्तेमाल करने वाला व्यक्ति का अगर हम प्रतिशत की बात करें तो हम उसे 5 % से आगे नहीं ले जा सकते ! अब हम बात करते हैं 25 से 40 वर्ष की उम्र के व्यक्ति की इस उम्र में ज्यादातर व्यक्ति अपने परिवार के वारे में सोचता है उसे अपना सारा समय अपने परिवार के हित और अहित के वारे में सोचने में लगा रहता है इस उम्र के व्यक्ति की यह सोच करना जरूरी है या मजबूरी है इसके बारे में हम अगले 8 वें अध्याय मैं बात करेंगे ! उम्र के व्यक्ति का दिमाग को हम 5 से 7 % के बीच में रख सकते हैं।

प्रतिशत के मूल्यांकन के वारे में वात करें तो हम पाएंगे कि एक मोटर बाइक सुधारने वाला मिस्त्री जिसको हर समय अपने काम में लगा रहता है उसके अनुभव के अनुसार उसका दिमाग कितना प्रतिशत काम करता है इसकी व्याख्या अध्याय 8 में पड़ेंगे ! इस बीच अगर हम प्राणियों की भी वात करें तो हम पाएंगे कि पृथ्वी पर कुछ ऐसे प्राणी मौजूद है जो हम मनुष्य से भी अपने दिमाग का इस्तेमाल ज्यादा करते हैं मगर इसी बीच यह साफ करना उचित होगा कि कोई भी प्राणी जिसका दिमाग मनुष्य के दिमाग से ज्यादा काम करता है लेकिन उसकी एक लिमिटेशन है उससे अधिक वह नहीं सोच सकता या उसका दिमाग उससे अधिक काम कर सकता है पृथ्वी पर मनुष्य ही एक ऐसा प्राणी है जो अपने दिमाग का इस्तेमाल कई गुना कर सकता है किसी भी मामले में मैं काफी लंबे समय तक सोच सकता है उस पर कार्य अलग-अलग तरीके से कर सकता है उस कार्य के अनुसार अगर उसके दिमाग को हर प्रतिशत में रखें तो हम पाएंगे वह उस कार्य के अनुसार 8 - 10 % यूज करता है अपना ब्रेन क्योंकि ब्रेन में वही कार्य में ज्यादा थिंकिंग आती है जिस कार्य में अपना इंटरेस्ट हो, कभी - कभार हम पाते हैं कि कुछ ऐसी मजबूरी हो जाती है जिसके बारे में ना सोचना है उसके बारे में उतना सोचना पड़ता है उस बीच में जितना हमारा दिमाग 7 % से 9 % के बीच में काम करता है हमारा आइक्यू नापने के तरीका सिर्फ इतना होता है कि

वह कितने जल्दी सोच पा रहा है और कितना सोच पा रहा है और किस प्रकार का जवाब दे रहा है ये हमारा आईक्यू नापने का तरीका होता है जिसको हम पूर्ण रूप से सही तरीका नहीं कह सकते अक्सर देखा जाता है कि जिसका आइक्यू एक नॉर्मल होता है वह भी कई मामलों में झंडे गाड़ देता है आइक्यू की सही पहचान करने का तरीका एक कार्य हेतु होना चाहिए लगभग उसमें उसका या किसी व्यक्ति के कार्य के अनुसार अलग उसका I Q चेक किया जाए तो हम पाएंगे कि उसका दिमाग भी 7 से 9 परसेंट तक काम कर रहा है हमारी मेडिकल लाइन के अनुसार आइक्यू टेस्ट करने का तरीका सही मगर उसका तरीके से पूर्ण रूप से हम कोई सहमत हो यह नहीं कह सकते क्योंकि ह्यूमन ब्रेन के बारे में अभी तक की रिसर्च मैं काफी वार ऐसा देखा जा चुका है या पाया जा चुका है जिसमें एक नॉर्मल आई क्यू वाले व्यक्ति ने भी कई मामलों में तेज काम किया और सही काम किया इस बीच इस दिमाग को शक्ति प्रदान करने वाला हमारा आत्म बल होता है जो उसे और अधिक शक्ति प्रदान करता है कहते है अगर व्यक्ति का आत्मबल अच्छा हो तो वह किसी भी कार्य में पीछे नहीं हटता ! कई मामलों में हमारी मेडिकल साइंस अभी भी उलझी हुई है (कई मामलों से हमारा सेंस उन परिघटनाओं से है जिसमें इंसान की अभी तक पकड़ कमजोर है) जहां व्यक्ति की उम्र 35 से 40 या 50 के करीब पहुंचती है तो हमारे दिमाग में डेवलपमेंटी कुछ खास नहीं होता है हम पाते हैं कि वही कार्य या वह चीजें दोहराई जाती है जिसको हम पहले ही कई बार कर चुके हैं (यहां पर हम 35 से 80 के बीच की उम्र के उम्र में इंसान का दिमाग कितना और कैसे काम करता है उसके बारे में पता करने की कोशिश करेंगे) इस बीच कार्य करने के तरीके में परिवर्तन हो जाता है अगर कोई कार्य किया जा रहा है तो हम पायेगे वह कार्य जल्दी और सरल ढंग से हो जाता है ! अगर व्यक्ति पारिवारिक है तो वह अपने बच्चों के बारे में बीवी या पति के बारे में सोचता है इस बीच व्यक्ति का दिमाग भी वही 6 % से 7 % परसेंट तक ही रहता है आज कई डेवलपमेंट नहीं हो पाता अगर व्यक्ति पारिवारिक नहीं है तो वह अपना सारा समय अपने ही कुछ ऐसा काम में उलझाय रखता है जो समाज के हित में ज्यादा से ज्यादा समाज में मदद करने की

कोशिश करेगा इन सबके बीच में एक कड़ी और होती है जिसको ना हम पूर्ण सामाजिक व्यक्ति कह सकते हैं ना हम पूर्ण रूप से पारिवारिक जिस की श्रेणी में वह लोग आते हैं जो अपना सारा जीवन अपने परिवार जैसे भाई भतीजा इत्यादि के उद्धार करने में तथा समाज की मदद करने में उस व्यक्ति को हमारा समाज दान कर्ता के नाम से पुकारता है

5

दुसरो के प्रति

इस पृथ्वी पर स्वंय का बारे मे तो सभी अच्छा जानते है अपने आप की पहचान तो इंसान करा देता मगर कभी किसी ने ऐ सोचा है वह दूसरो के प्रति क्या सोचता है व्यवहार करता है ऐ सब कैसे होता है इन सब का जबाब ढूढने की या जानने की कोशिश करेग इस व्यवहार करता अध्याय में हम |

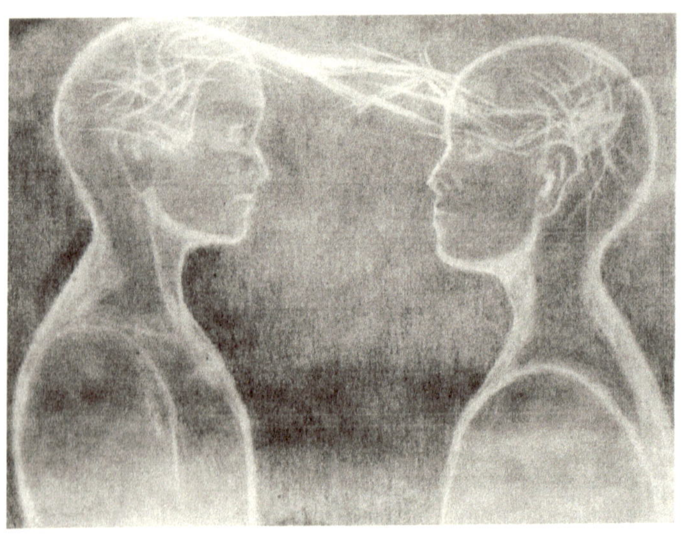

मानता के गहरे रहस्य में दूसरो के प्रति तीन शब्द है कौन है क्या है और कैसा है इस तीन शब्दो में ही अपने से अलग की पहचान कि जा सकती है या हम पहचान करा सकते है। दुनिया के किसी भी समाज में सबसे ज्यादा महत्वपूर्ण बात होती है कि आपका दूसरो के प्रति कैसा व्यहारय है किस नज़रिये से देख रहे है क्यों कि आप समाज को जिस नज़रिये से देखगे समाज भी आपको उस नजरिये से देखेगी मगर कोई भी समाज का सदस्य आपसे किसी भी बुरे मुददे में एक दम सीधे आके नहीं कहेगा और न ही अच्छे के लिये।

तो अपनेपहले शब्द के तरफ बढ़ते है और जानने कि कोशिश करते कौन है क्या होता है

दुसरो के लिया।

जब कभी भी हम दुसरो किसी व्यक्ति के बारे में बात करते है कि कौन हो यह शब्द के लिए एक बात को साफ-साफ दर्शाता है कि सामने वाला उस सामने वाले व्यक्ति को पहचानता नहीं है । आपनी आप को कैसे डिफाइन करना है यह डिफेंड होता है सामने वाले व्यक्ति पर जैसे है कोई व्यक्ति किसी व्यक्ति से पूछता है आप कौन हो या ये कौन है जो भी सामने वाला व्यक्ति पूछने वाले व्यक्ति से जो भी बोलेगे या वतायेगा उस समय व्यक्ति सच बोल रहा है या झूट बोल रहा है इस बात का अनदाजा उसके कहने के ढंग से उसके खड़े होने के ढंग से लगाया जा सकता है वह उसी के ऊपर डिफेंड रहता है इस वीच समाज में कुछ trust वाले व्यक्ति भी रहते जिनपर व्यक्ति बिना कुछ ज्यादा सोचे विश्बास कर लेता है और फिर डिपेंड करता है उस व्यक्ति पर जो डिफेंड कर पा रहा है या नहीं

Ex. आप किसी को कॉल करके बुलाते और उसे अच्छी तरह जानते हो देखा है पहचानते हो मगर हो ऐसा जाता है कि वह न आके आपने किसी विश्वास पात्र को पहुचा देता है मगर आपका विश्बास उसके विश्बासपात्र व्यक्ति पर विश्बास करने के लिए नहीं कहता ऐ सब उलझाना या नये सवालात आपके दिमाग में आर्येंगे कि इस पर विश्वाश

कैसे करू , कौन है मगर ये सब डिपेंड करता है कि आने वाले व्यक्ति ने आपके सामने आपको कैसे डेफिन किया है

इस बीच कुछ आपकी भी समाझदरी काम आती है कि आप उसके अपने बारे में कुछ पूछे जाने जिसने पहचाया है उसको वह पहचानता है कैसे पहचानता ये सब वाते पहले बार में होती है क्यों कि इस समाज में अलग अलग सोच के व्यक्ति रहते है कोई अपने समाज में कैसे दिखाना चाहते अलग अलग व्यक्ति अलग अलग तरह के होते है व्यक्ति हर समय देखने पर विश्वाश करता है वह जो देखता है उस पर विश्वास करता है उसकी अगर पहचान करना आ जाये तो वह उसी पर पर विश्वास करेगा जिसके बारे में वह साधक जानकारी कर लेगा, हमारे जीवन अक्सर किसी को पहचानने में गलती हो जाती है , मगर अपनी पहचान सामने वाले को किसी प्रकार दिखाना है ये एक अलग बात रहती हम जो देखते है जो सुनते है उस पर एक डीएम से विश्वास करना उचित नहीं रहता । मगर समाज के अंदर कुछ ऐसे व्यक्ति या यू कहे कि कुछ ऐसे डिपार्टमेंट होते है जिन पर व्यक्ति विश्वास पूर्ण रूप से बन रहता है जैसे पुलिस, डॉक्टर,फौज,आदि कुछ ऐसे ही डिपार्टमेंट है जिस पर विश्वास बना है

उद्धारण-: अगर आप बीमार पड़ जाते है तो आप सिफह 1 डॉक्टर के पास जायेगे , क्यों कि आप को उस विभाग का कर्मचारी पर विश्वास है कि इस हमारी मदद करेगा अगर आप को विश्वास नहीं होता तो आप आने आप को सही तरिके से नहीं रख सकते

एक डॉक्टर पर किसी व्यक्ति इसी सोच की साथ जाता है कि वह मेरा इलाज कर देगा। अगर हम सुचे कि उसका पास जाने मुझे और ज्यादा नुकसान कर रहे है ।

ऐसे ही विभाग एक पुलिस चकते हेट है जिस और हमारा विश्वास लगभग कुछ प्रतिशत तक सही बना रहता है ये समाज में उन कानूनों उन नियमो को कायम रखता है जिनहे हर समाज की जरुरत है।

उद्धारण:- अगर आपको कोई नुकसान पहुचता है या आपको नुकसान पहुचाने की कोशिश कर रहा है तो आप अपने रक्षा के लिए पुलिस के पास जा सकते है तो ह एक दम आगे बढने का लिये सलाह

दे रहा है, मानव दिमाग में हमेशा प्रतिद्धधि की भावना रहती है इस भावना रहती है इस भावना का होना कई में सही में सही मगर हर मामले में हम करे तो यह सही नहीं है मानव मास्तिक में प्रतिद्धधि की भावना सामाजिक रूप से आती है जैसा आपका परिवेश होगा वैसा ही आपका स्वभाव बन जाता है लेकिन कुछ भावनाये जेनेटिकली रहती है और इसमे कोई बदलाब नहीं किया जा सकता लेकिन सामाजिक घटनाओ को देखते हुये मनुष्य अपने आप में कुछ ऐसे व्यक्ति भी होते है जो कुछ और है मगर देखते कुछ और है समाज में यह प्रक्रिया हमेशा से चली आ रहे है समाज में आने वाली हर नई पीढी को यही लगता है वह इस समाज में कुछ नया करेगा मगर और वह नया करता भी है मगर किस मामले में नया करता है इसके अलग अलग भाब होते है जैसे-: वह समाज को एक नया अविष्कार कर के देगा मगर उसका तरीका अलग रहेगा पहले के अविष्कारको से हमारे समाज में बनी रहती है मानवीयता समाज में दो ही प्रकार की भवना रहते है एक सकारात्मक एक नकारात्मक लेकिन कभी-कभार ऐसा देखा जाता है कि किसी व्यक्ति के प्रति आपकी से हमारे समाज में बनी रहती है मानवीयता समाज में दो ही प्रकार की भवना रहते है एक सकारात्मक एक नकारात्मक लेकिन कभी-कभार ऐसा देखा जाता है कि किसी व्यक्ति के प्रति आपकी भावना सकारत्मक है लेकिन अगर कुछ आप ऐसा कुछ देख ले या कुछ सुन ले तो हमारा दिमाग उसी पल की कार्यवाही को देखते हुये तुरन्त फैसला कर लेता है, इस बीच हमारा डिसीजन कैसा है यह पता लग जाता है , इंसान के अगर व्यहार की बात करे तो पायगे की हर इंसान के अंदर अलग अलग किस्म के व्यवहार करने के अलग अलग तरीके होते है कोई अपना व्यवहार शांत रहकर दर्शाता है , कोई अपना व्यवहार शोर करके दर्शाता है ,यहाँ पर शांत रहने से मेरा सेंस है कि कोई व्यक्ति किसी के ऊपर अपना व्यवहार करता है या एहसास करता है तो उस एहसास को वह अन्य व्यवितयों को नहीं बताया कि मैंने उसकी इस प्रकार मदद की तो वह उस मदद को शांत रहकर दर्शा रहा है और अगर व्यक्ति उस मदद को अन्य किसी से कहता है तो वह शोर कर रहा है कि मैंने उसकी मदद की उसके इस व्यवहार को देखकर समाज का आम नागरिक भी यह जान जायेगा

कि वह व्यक्ति किस किस्म का है उसी तरह अन्य व्यक्ति उसके साथ उसके जैसा वयवहार करेगा । इस बीच दो बाते व्यक्ति के अंदर आती है

(1) उस व्यक्ति की साथ कैसा व्यवहार किया जाये।

(2) उस व्यक्ति के साथ जैसा व्यवहार न किया जाय ।

कई बार ऐसा देखा जाता है कि हम किसी व्यक्ति को जानते तक नहीं है न ही उससे कभी हमारी मुलाकात हुई मगर एक बार में ही उसकी कोई हरकत देखकर वह अच्छा लगने लगता है मगर अच्छे का मतलब कहा तक अच्छा लग रहा है तुरंत के लिये (short time) के लिये या लम्बे समय (Long time) के लिये इस बात का डिसिजन हमारा दिमाग नहीं पता इस बात का डिसिजन हमारी अंतात्मा करती है किस या कितने समय के लिये हमें अछा लग रहा है, समाज के अंदर डिसीजन लेने में थोड़ी हिचकिचाहट है लगता है अगर यही सही न होके गलत साबित हुआ तो फिर क्या करूँ।

किसी को देखते हुये हम सामने बाले व्यक्ति आजमाना शुरू कर देते है फिर धीरे धीरे उसके करीब जाने की कोशिश करते है जब वह कारक आता है तो लगता है इसको और जाना जाय यह जानने की प्रक्रीया लम्बे समय तक चलती है। मानवीय मष्तिक ईद बारे में एक दम से डिसिजन नहीं ले पाते और अंदर से एक डर लगा रहता है, समाज के अंदर कभी कभार हम पाते है कि कोई शांत किश्म का व्यक्ति को हमारे समाज में कमजोर समझ लेती है मगर यह मानना सही है क्या अगर हम हाँ के पक्ष में जाते है तो हम पायगे कि इसको श्रेय लगभग 70% लोगो का सही होता है समाज के अंदर के मात्र 30% ही ऐसे व्यक्ति होते है जो लगभग ये मानते है अगर वो शांत है तो उसकी वजह कुछ और है कमजोरी नहीं।

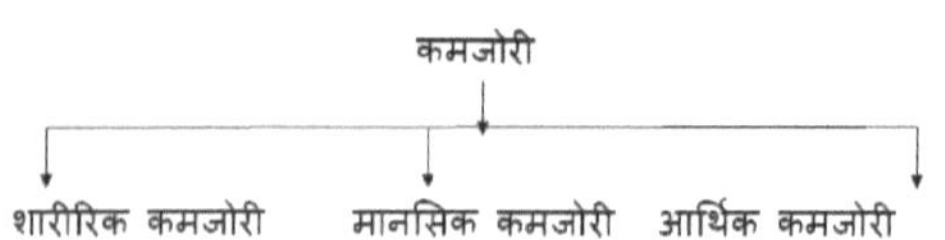

(1) शारीरिक कमजोरी -: इसके दौरान वह व्यक्ति आते है जो देखते में कमजोर शरीर के लगते है जिससे खून की मात्रा कम होते है थोड़ा सा काम के बाद ही थक जाता है ज्यादा समय तक फिजेकल मेहनत नहीं कर पता है

(2) मनिष्क कमजोरी -: इस श्रेणी में वह लोग आते है जिन्हें हमारी समाज लगभग के रूप में काम दिमाग बाला बोलती है जिसके दौरान हम पाते है अगर कोई मेंटली कार्य हो तो वह जल्दी से नहीं कर पता उसे सूचने में बक्त लगता है

जैसे-: किसी किताब को जो नार्मल उसी भाषा ही जिसे बो जानता है उसे उस किताब को समझने में एक अबधि बसे ज्यादा समय लग जाता हैं।

(3) आर्थिक कमजोरी -: यह एक ऐसी स्थिति है जिससे 70% से 90% व्यक्ति समाज के सामने बहुत कमजोर महसूस करता है इस स्थिति से गुजरने वाला व्यक्ति शायद ही आपने पैसे का दुपरयोग करे लगभग 50% से 55% तक तो नहीं करते मगर हम पाते है कि 45% व्यक्ति के पास अगर अचानक पैसा आ जाये तो उसका उपयोग सही मायने में नहीं कर पाता अगर उसके पास धैर्य तथा दिमाग का सही लेवल से न चलना पाया जाता है तो ,"सही कहते है जो गरीबी से गुजरता है उसको हर चीज का अहसास होता है ",

दुसरो के प्रति हमारी सोच कैसी काम आते है यह हमारी व्यक्तत्व को दर्शाती है कभी कभार हम पाते है कि कुछ गलत फेमियाँ हो जाती है इसका मुख्य श्रेय जाता है हमारे अंदर की नेगेटिविटी power को इसको शुरुआत हमारे समाज से हमारे परिवेश से गलत फेमियाँ हम सब के अंदर आते है मगर इसका एक समय होता है किस समय इनका आना उचित है किस समय नहीं ऐ डिपेंड होता सीचुऐशन पर । गलत फेमियाँवके आने का मुख्य कारण होता है शब्दो तथा सीचुऐशन का सही पहचान काने में समय लगता है मगर एक ट्रेन्ड व्यक्ति को इसकी पहचान करने में ज्यादा समय नहीं लगेगा।

Ex. अगर किसी व्यक्ति के पास कोई दूसरा व्यक्ति किसी कार्य हेतु जाता है मगर इस बीच तीसरा व्यक्ति जो कि दूसरे व्यक्ति का दूशमन है वह समझता है कि यह मेरे साथ क्या हो रहा है जो कि नेगेटिव है

इस पुरे उद्धारण का सही क्रम है इसको अंदर हम पाते है कि दो क्रम है पहला क्रम है कि सामने वाला व्यक्ति जिसके पास जाया जाता है यानि जो व्यक्ति गया है वह व्यक्ति कि समाज के अंदर क्या रेप्यूटेशन है समाज उसको किन नजरो से देखती है (इस उद्धारण में पहला व्यक्ति वह है जिसके पास जमा जाता है दूसरा व्यकित है जो जाता है और तीसरा व्यक्ति वह है जो उन दोनों को बात करते हुए देखता है) इन तीनों में हर व्यक्ति कि समाज इनको किस प्रकार की इज्जत है या समाज इनका किस प्रकार से सम्मान करती है । वात हो रही थी कितना समाज सम्मना करती है क्यों की समाज के अंदर अक्सर हम देखते है की अगर जिस व्यक्ति कि समाज में अत्यधिक सम्मान होगा उस व्यक्ति के पास जो भी व्यक्ति जायेगा तो सामने वाला व्यक्ति या अन्य देखने वाला व्यक्ति के दिमाग में हमेशा है सही विचार प्रकट होना उस व्यक्ति के शिक्षा तथा परिवेश पर डिपेंड करता है क्यों कि जिस सम्मन्ति व्यक्ति के पास जाया जाता है वो हमेशा सही हो ऐ भी तो सही नहीं है लेकिन लगभग कई मामेलो में वो सेहो होगा तभी तो उसका समाज सम्मान किया जा रहा है, इस वीच हम एक छोटा सा पछ और बताते चले , जैसे किअध्याय का जो नाम "दुसरो के प्रति दो किस्म के व्यकितयों का आना होता है एक तो वो व्यक्ति जो हमारे परिवार के सदस्य नहीं है और एक वो जो हमारे परिवार के सदस्य है जो परिवार के सदस्य नहीं है उन व्यकितयों के बारे में हम अलग सोच रखते है जो परिवार के सदस्य है उनके बारे में अलग सोच मगर कभी कभार देखा जाता है कि हो परिवार का सदस्य नहीं है उसके प्रति भी गहराई से अपनापन आ जाता है ऐसा लगता है कि ऐ भी एक मेरे परिवार का सदस्य है , अगर वह व्यकित कोई गलती कर देता है तो हमे लगता है कि या हमारे परिवार जानो को लगता है वह सोचते है ऐ तो में पहले से जनता था कि यही सही नहीं है ऐसा इसलिए होता है क्योंकि हम सही मायने में उस पर विशवास कभी करते ही नहीं थे इसलिए मगर वही व्यक्ति हमारे

परिवार के प्रति कुछ अगर कुछ अच्छा कर देता है तो हमें लगता है ऐ भी हम जानते थे कि अच्छा है (वह व्यक्ति)

दुसरो में अपनापन में एक फर्क होता है दुसरो में वह व्यक्ति आता है जिसकी हरकत देख कर हम विश्वास करते है वह समाज में रहता है कैसा उसका व्यवहार है यह सब देख कर उससे मिलते है या मिलाना चाहते है या फिर उसके बारे में सोचते है मगर दुसरो में अपने भी आते है जो हम से अलग है अलग का मतलब हमारे जैसे शरीर के नहीं है हमारे जैसी हरकत नहीं है बस हमारे परिवार के सदस्य है इसी बीच एक चीज और हमारे समाज की पहचान बनाती है या यू कहे कि पहचान बनाने का प्रयास करती है ,जैसा कि इस अध्याय के नाम के अककोडिंग ही चले तो दो भागो में बाँट सकते हैं।

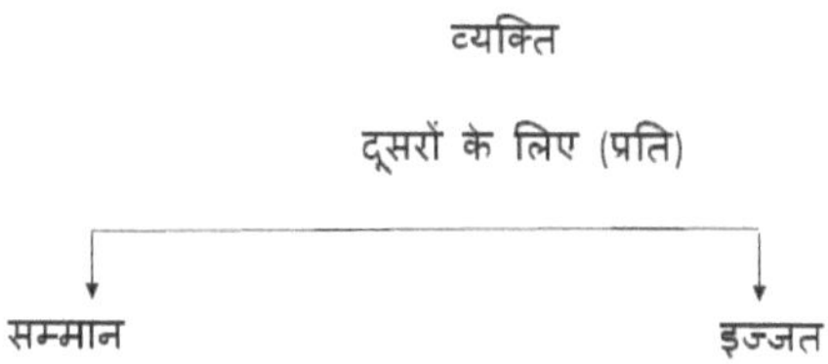

इन दोनो शब्दों में डिफ्रेंस होता है इन दोनों शब्दो के मायनों में फर्क होता है हलाकि इनका मानना एक होता है मगर यह डिपेंड करता है persoan पर जो भी सामने है उस पर ।

Ex. कि अगर सामने दो व्यकितयों को खड़ा कर दिया जाता है जिसमें से पहला व्यकित आपके पिता है और दूसरा वियक्ति एक ऐसा व्यकित है जिसको आप बचपन से देखते चले आये है

पिता - इस व्यक्ति के लिए आपके दिमाग में आपके ना चाहते हुए भी आप इसे सम्मान देंगे इस इन्हें आप इज्जत तो दोगे ही

अन्य व्यक्ति - मगर किसी अन्य व्यक्ति को सिर्फ आप इज्जत दोगे अब एक डिपेंड करता है उस व्यक्ति पर कि यह किस योग्य हैं

क्योंकि जीवन में हम कई बार ऐसा होता पाते हैं जिसमें लगता है कि इस व्यक्ति को सैल्यूट तो बनता या सम्मान और इज्जत दोनों बनती है

इस बीच हमारे समाज में एक बात सुनने में और आती जिसको अक्सर हम दखते भी है, हम पाते है जब हमारे समाज के अंदर किसी व्यक्ति की किसी कारण वश मृत्यु हो जाते है ।तो हम देखने को मिलता जिसकी यहाँ मृत्यु हुई उसके यहाँ सारा समाज एकत्रित उसके दाह संस्कार के लिये , उस बीच हमें देखने को मिलता कि उस समय जितने भी जान इकटठे होते है तो मैने बाले व्यक्ति की सब के जुबान से उसकी अच्छाई सुनने में आती है मगर हम सब इस बात को जानते है कि जिस व्यक्ति की मृत्यु हुई है वह समाज के अंदर किस प्रकार का वयवहार रखता था। उसकी अच्छाई करना उस समय समाज को लगता है कि उसकी आत्मा ऐ सब सुन रही देख रही है (इस समय हम दूसरे सेक्शन में प्रवेश कर रहे है)जिसे हम अध्यात्मक रूप कहते है इसके अंदर मन जाता है कि मरने के बाद व्यक्ति की आत्मा घूमती रहती है और सब परिजन को देखती है और सुनती है इस बीच समाज के अंदर एक डर का माहौल रहता है एक ऐसा डर जो होता भी है और नहीं भी, इन दो बातों का अलग अलग मानना इसलिए जरूरी है कि समाज में भांति भांति के व्यक्ति रहते कोई सकरात्मक सोच रखता है कोई नकारत्मक कोई व्यक्ति इस बात को मानने से इंकार करता है कोई इस बात को मानने से इंकार करता है कोई इस बात को मानने से है कि आत्माये होती है । लैकिन सही मायने में हम निजी life को जोड़कर बात करे तो हम पायगे की हर किसी का एक जोड़ा होता है जैसे-: झूट-सच, सही-गलत, आत्मा-परमात्मा, भगवान-दानव, इसी प्रकार इनका होना भी सौभाबिक होता है , लेकिन इनको मानना या मनना एक पस्थिति पर डिपेंड करता है अक्सर हम अपनी जिंदगी में देखते है अनुभव करते है और पाते है कि अगर हमारे सामने कोई इतना कठिन काम हो या फिर वो काम हमने पहली कभी नहीं किया हो वह कार्य कठिन है और पहले बार किया जा रहा हो तो अक्सर हम हाथ जोड़ कर या आँख बंद कर जो मन से पार्थना करते है वह रूप ही भगवान का मानना होता है

जैसे- अगर में चाहता हु की में आज स्काई डायविंग करू और वह मेरी पहले स्काई डायविंग हो जो मैने पहले भी नहीं कि तो मैने अंदर से जो सोच जो हिम्मत नकारात्मक सोच को तोड़ेगी वह हिमत को हम या हमारे समाज के अंदर भगवन का रूप दिया जाता है या माना जाता है यही प्रक्रिया हमारे समाज में यानि मानविया समाज में चाहती है एक कनेक्सशन का ढूढने पर साइस कई रिसर्च हुई है और हो रही है यह ऐसा कनेक्सशन होता है जो हम इंसानो को किसी अन्य जीव से जोड़ता है दुनिया के हर समाज का वयक्ति तरक्की करना चाहता है किसी भी व्यक्ति से पूछो देखो तो हम पाते है उस व्यक्ति का एक ही जबाब मिलता है मुझे तरक्की करना है आगे बढ़ना है मगर खभी किसी ने ऐ सोचा है कि किस प्रकार ऐ शब्द हमारे दिमाग में आते है कौन मजबूर कर रहा है हमारे दिमाग को ऐसा करने । हमारे दिमाग को और हमारी शरीर को ऐसा करने पर हमारा समाज मजबूर कर रहा है अब इस मज़बूरी को हम दी भागों में बाँट कर बात करते है सामने बलि की प्रति नकारात्मक भावना का होना ।इस बात से हम सभी परिचित है कि समाज में भाँति-भाँति के लोग रहते है हर किस्म की सोच रखने वाले अच्छी सोच भी बुरी सोच भी समाज व्यक्ति का एक ऐसा आइना है जिसके प्रति व्यक्ति को सोच डवलप होती और समाज का व्यक्ति की सोच में डवलप होने में बहुत बड़ा मायना रहता है इसी प्रकार हम देखते है कि कोई व्यक्ति अगर सक्सेज होना चाहता है तो उससे पहले वह उन सक्सेज व्यक्तियो को देखता है जो सक्सेज हो चुके है , मगर इस बीच एक बात साफ करना चाह ता है इस सक्सेज की सोच रखने वाला व्यक्ति अगर सक्सेज नहीं होता है तो उसका समाज के प्रति नेगेटिव भावना उत्पन्न होती है मगर ऐसा कहना उचित नहीं होगा की सारे unsucces व्यक्ति समाज के प्रति negative भावना रखे ।

ऐ वही व्यक्ति के अंदर भावना उत्पन्न होती है जो व्यक्ति ने succes होने के पीछे कुछ गलत विचार पाल होऐसे व्यक्तियों की संख्या समाज के अंदर लगभग 100 में से एक या दो पर्सेंट तक होती है समाज में रहने वाला हर व्यक्ति प्रतियोगी भावना रखता लेकिन लगभग सभी व्यक्ति एक सुविचार के साथ चले यह भी जरूरी नहीं समाज के अंदर

एक दूसरे की बराबरी करने की होड़ में व्यक्ति कहीं ना कहीं मानवता को भूलता चला जा रहा है। इस बीच व्यक्ति जीवन के अलग-अलग पढ़ाओ के चलते अलग-अलग व्यक्तियों के बारे में अलग-अलग अपनी सोच बनाकर रहता है हमारी समाज में आप किस प्रकार सोच रहे हैं यह बहुत महत्वपूर्ण विषय रखता है फिर दूसरा महत्वपूर्ण विषय होता है कि आप किसके बारे में सोच रहे हैं। एक सामाजिक जीवन में आपके सोचने के स्तर आप के बढ़ते जीवन के साथ बदलते चले जाते हैं जैसे जैसे आपकी उम्र बढ़ती चली जाती है वैसे वैसे आपका रोजाना सोच दूसरों के प्रति अलग-अलग होती चली जाती है इस बीच आपका जीवन का अनुभव भी एक महत्वपूर्ण था रखता है इस विषय पर हम आएंगे टॉपिक पर चर्चा करने वाले हैं हम अपनी निजी जिंदगी में देखते हैं कि हमारी सोच में आए दिन परिवर्तन होता है यही प्रक्रिया हर व्यक्ति के साथ होती है मगर इस परिवर्तन का उपयोग आप दूसरों के प्रति कैसे कर रहे हैं यह महत्वपूर्ण दशा रखता है समाज में आप दूसरों के बारे में किस प्रकार सोच रहे हैं तथा अपनी उपयोगिता को किस प्रकार साबित कर रहे हैं समाज वही चीज दिखती है जो एक व्यक्ति देखता है मतलब है आप क्या हो इस बात से समाज को फर्क नहीं पड़ता या यूं कहें इसकी माथुर था ज्यादा नहीं है आप का समाज के प्रति रुझान व्यवहार कैसा है यह महत्वपूर्ण है कई बार हम समाज में देखते हैं कि कुछ व्यक्ति ऐसे होते हैं कि होते कुछ और है देखते कुछ और हैं इसको अगर हम सरल शब्दों में कहीं तू हमके सकते हैं अलग-अलग परिस्थिति में अलग-अलग दिखावा करना। कई बार देखा जाता है कि व्यक्ति दूसरों को अच्छा दिखाने में अपने आप में भी बहुत परिवर्तन कर लेता है (यहां परिवर्तन से हमारा मतलब होगा शारीरिक, मानसिक सामाजिक और आर्थिक रूप) है जिसमें कई बार अपने आपको फायदा पहुंचाता है और कई बार अपने आपको वह नुकसान भी पहुंचा था है मगर ज्यादातर व्यक्ति लगभग 60% से 70% व्यक्ति अपने आप को नुकसान की ओर ढकेलता है मगर इस स्थिति में वह समाज के प्रति और अलग कुछ जान जाता है जैसे दिखावा सिर्फ झूठा डराता है मगर वह सच्चाई से छुपता है।

इस बीच वह अनुभव प्राप्त करता है मगर उसका इस अनुभव की बात हम अपने अलग टॉपिक में करेंगे हम अपने जीवन में कई बार देखते कि हम सामने वाले के साथ किस तरह की सोच रख रहे हैं इस बात का निर्णय सामने वाले की कुछ भी हरकत होती है तुरंत कि हम अपने आप को उसके सामने रख देते हैं कि हम किस प्रकार की सोच रखते हैं बिना सोचे समझे अपने आप को दर्शा देते हैं कि हमें क्या करना चाहिए जो हमें उस वक्त सही लगता है वह हम कर सकते हैं या बोल देते हैं मगर हम उसका दूरगामी परिणाम नहीं देखते हैं। इस दुनिया के किसी भी समाज में (मनुष्य की)ज्यादातर यही देखा जाता है व्यक्ति अपने लिए वकील और दूसरों के लिए जज बन जाता। इसका मतलब है कि जब व्यक्ति स्वयं कोई गलती करता है तो उसको छुपाने के लिए उसके पास कई शब्द कई बहाने रहते हैं और जब किसी और ने गलती की हो तो उसके लिए तुरंत निर्णय ले डालता है यह सोच साफ-साफ दर्शाती है कि यह व्यक्ति ज्यादा होशियार नहीं है अकालदार(होशियार) व्यक्ति की पहचान होती है कि वह सबके लिए वही सोच रखें जो स्वयं के लिए रखी है।

अब हम बात करने वाले हैं मानवीय समाज से निकलकर मानव का अन्य प्राणियों के प्रति अपने आपको बताने की।

तू सबसे पहले हम बात करने वाले हैं और अन्य प्राणियों की जो मनुष्य के समाज में हमेशा से उनके साथ में रहे हैं पालतू पशु पक्षी या अन्य।

हम अपने समाज में ऐसा कई बार देखते हैं कि जो हमारा पालतू जानवर या पक्षी होता है उसके प्रति अपना नजरिया दर्शाने की।

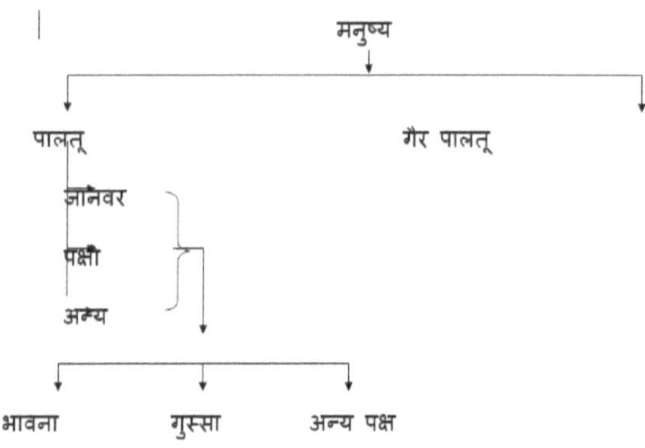

अक्सर हम अपने समाज में देखते हैं कि हमारा व्यवहार अपने जानवर के प्रति कुछ अलग दिखाई देता है और दूसरों के जानवर के प्रति कुछ अलग दिखाई देता है (इस बीच हम अपने और पराए के बीच की कड़ी को समझाने की कोशिश करेंगे)

हम देखते हैं कि व्यक्ति खुद के पालतू जानवर की खाना-पीना नहाना सब अच्छी तरह से करता है मगर अगर किसी का या यूं कहें कि दूसरों का जानवर आ जाए तो हमारा नजरिया उसके प्रति अलग हो जाता है जब कि ऐसा नहीं होना चाहिए।

वह हम बात करने वाले अपने उस वक्त की जो जीवन में हमें अपने समाज के प्रति (मनुष्य को) जानवरों के समाज के लिए समाज के लिए अपने आप की पहचान कराते हैं

अक्सर हम देखते हैं कि अगर हम किसी अन्य जानवर के नजदीक जाते हैं तो हम भी उससे डरते हैं और वह भी हमसे डरता है इसका सीधा सा सेन हमारे उस मनोकामना को जाता है जो हमारे समाज में हमें सिखाया है बताया है यह सही है मगर इसे हम अगर पूर्ण रूप से सही कहे तो यह गलत है क्योंकि दुनिया में कोई भी प्राणी चाहे वह मनुष्य हो या

और कोई हर प्राणी अपनी सुरक्षा करना जानता मगर इस सुरक्षा के साथ कुछ सामाजिक परिस्थितियां भी रहती है जैसे। कई बार देखा जाता है कि प्राणी अपने जीवन को सुरक्षित रखने के लिए दूसरे का जीवन खत्म कर देते और कई बार देखा जाता है कि किसी और का जीवन बचाने के लिए अपना जीवन खतरे में डाल देते हैं।

यह बात हमारे पालतू पशुओं के ऊपर भी लागू होती है जो हमारा पालतू पशु रहता है वह अपने मालिक के लिए या यूं कहें कि अपने मालिक को तकलीफ बहुत कम ऐसा दौर आता है जब कभी वह तकलीफ पहुंचा

इस पृथ्वी पर स्वंय का बारे मे तो सभी अच्छा जानते है अपने आप की पहचान तो इंसान करा देता मगर कभी किसी ने ऐ सोचा है वह दूसरो के प्रति क्या सोचता है व्यवहार करता है ऐ सब कैसे होता है इन सब का जबाब ढूढने की या जानने की कोशिश करेग इस व्यवहार करता अध्याय में हम |

मानता के गहरे रहस्य में दूसरो के प्रति तीन शब्द है कौन है क्या है और कैसा है इस तीन शब्दो में ही अपने से अलग की पहचान कि जा सकती है या हम पहचान करा सकते है। दुनिया के किसी भी समाज में सबसे ज्यादा महत्वपूर्ण बात होती है कि आपका दूसरो के प्रति कैसा व्यहारय है किस नज़रिये से देख रहे है क्यों कि आप समाज को जिस नज़रिये से देखगे समाज भी आपको उस नजरिये से देखेगी मगर कोई भी समाज का सदस्य आपसे किसी भी बुरे मुददे में एक दम सीधे आके नहीं कहेगा और न ही अच्छे के लिये।

तो अपनेपहले शब्द के तरफ बढ़ते है और जानने कि कोशिश करते कौन है क्या होता है

दुसरो के लिया।

जब कभी भी हम दुसरो किसी व्यक्ति के बारे में बात करते है कि कौन हो यह शब्द के लिए एक बात को साफ-साफ दर्शाता है कि सामने वाला उस सामने वाले व्यक्ति को पहचानता नहीं है । आपनी आप को कैसे डिफाइन करना है यह डिफेंड होता है सामने वाले व्यक्ति पर जैसे है कोई व्यक्ति किसी व्यक्ति से पूछता है आप कौन हो या ये कौन है जो भी

सामने वाला व्यक्ति पूछने वाले व्यक्ति से जो भी बोलेगे या वतायेगा उस समय व्यक्ति सच बोल रहा है या झूट बोल रहा है इस बात का अनदाजा उसके कहने के ढंग से उसके खडे होने के ढंग से लगाया जा सकता है वह उसी के ऊपर डिफेंड रहता है इस वीच समाज में कुछ trust वाले व्यक्ति भी रहते जिनपर व्यक्ति बिना कुछ ज्यादा सोचे विश्बास कर लेता है और फिर डिपेंड करता है उस व्यक्ति पर जो डिफेंड कर पा रहा है या नहीं

Ex. आप किसी को कॉल करके बुलाते और उसे अच्छी तरह जानते हो देखा है पहचानते हो मगर हो ऐसा जाता है कि वह न आके आपने किसी विश्वास पात्र को पहुचा देता है मगर आपका विश्बास उसके विश्बासपात्र व्यक्ति पर विश्बास करने के लिए नहीं कहता ऐ सब उलझाना या नये सवालात आपके दिमाग में आयेंगे कि इस पर विश्वाश कैसे करू , कौन है मगर ये सब डिपेंड करता है कि आने वाले व्यक्ति ने आपके सामने आपको कैसे डेफिन किया है

इस बीच कुछ आपकी भी समाझदरी काम आती है कि आप उसके अपने बारे में कुछ पूछे जाने जिसने पहुचाया है उसको वह पहचानता है कैसे पहचानता ये सब वाते पहले बार में होती है क्यों कि इस समाज में अलग अलग सोच के व्यक्ति रहते है कोई अपने समाज में कैसे दिखाना चाहते अलग अलग व्यक्ति अलग अलग तरह के होते है व्यक्ति हर समय देखने पर विश्वाश करता है वह जो देखता उस पर विश्वास करता है उसकी अगर पहचान करना आ जाये तो वह उसी पर पर विश्वास करेगा जिसके बारे में वह साधक जानकारी कर लेगा, हमारे जीवन अक्सर किसी को पहचानने में गलती हो जाती है , मगर अपनी पहचान सामने वाले को किसी प्रकार दिखाना है ये एक अलग बात रहती हम जो देखते है जो सुनते है उस पर एक डीएम से विश्वास करना उचित नहीं रहता ।

मगर समाज के अंदर कुछ ऐसे व्यक्ति या यू कहे कि कुछ ऐसे डिपार्टमेंट होते है जिन पर व्यक्ति विश्वास पूर्ण रूप से बन रहता है जैसे पुलिस, डॉक्टर,फौज,आदि कुछ ऐसे ही डिपार्टमेंट है जिस पर विश्वास बना है

उद्धारण-: अगर आप बीमार पड़ जाते है तो आप सिफह 1 डॉक्टर के पास जायेगे , क्यों कि आप को उस विभाग का कर्मचारी पर विश्वास है

कि इस हमारी मदद करेगा अगर आप को विश्वास नहीं होता तो आप आने आप को सही तरिके से नहीं रख सकते

एक डॉक्टर पर किसी व्यक्ति इसी सोच की साथ जाता है कि वह मेरा इलाज कर देगा। अगर हम सुचे कि उसका पास जाने मुझे और ज्यादा नुकसान कर रहे है ।

ऐसे ही विभाग एक पुलिस चकते हेट है जिस और हमारा विश्वास लगभग कुछ प्रतिशत तक सही बना रहता है ये समाज में उन कानूनों उन नियमो को कायम रखता है जिनहे हर समाज की जरुरत है।

उद्धारण:- अगर आपको कोई नुकसान पहुचता है या आपको नुकसान पहुचाने की कोशिश कर रहा है तो आप अपने रक्षा के लिए पुलिस के पास जा सकते है तो ह एक दम आगे बढने का लिये सलाह दे रहा है, मानव दिमाग में हमेशा प्रतिद्धधि की भावना रहती है इस भावना रहती है इस भावना का होना कई में सही में सही मगर हर मामले में हम करे तो यह सही नहीं है मानव मास्तिक में प्रतिद्धधि की भावना सामाजिक रूप से आती है जैसा आपका परिवेश होगा वैसा ही आपका स्वभाव बन जाता है लेकिन कुछ भावनाये जेनेटिकली रहती है और इसमे कोई बदलाब नहीं किया जा सकता लेकिन सामाजिक घटनाओ को देखते हुये मनुष्य अपने आप में कुछ ऐसे व्यक्ति भी होते है जो कुछ और है मगर देखते कुछ और है समाज में यह प्रक्रिया हमेशा से चली आ रहे है समाज में आने वाली हर नई पीढी को यही लगता है वह इस समाज में कुछ नया करेगा मगर और वह नया करता भी है मगर किस मामले में नया करता है इसके अलग अलग भाब होते है जैसे-: वह समाज को एक नया अविष्कार कर के देगा मगर उसका तरीका अलग रहेगा पहले के अविष्कारको से हमारे समाज में बनी रहती है मानवीयता समाज में दो ही प्रकार की भवना रहते है एक सकारात्मक एक नकारात्मक लेकिन कभी-कभार ऐसा देखा जाता है कि किसी व्यक्ति के प्रति आपकी से हमारे समाज में बनी रहती है मानवीयता समाज में दो ही प्रकार की भवना रहते है एक सकारात्मक एक नकारात्मक लेकिन कभी-कभार ऐसा देखा जाता है कि किसी व्यक्ति के प्रति आपकी भावना सकारत्मक है लेकिन अगर कुछ आप ऐसा कुछ देख ले या कुछ सुन ले तो हमारा

दिमाग उसी पल की कार्यवाही को देखते हुये तुरन्त फैसला कर लेता है, इस बीच हमारा डिसीजन कैसा है यह पता लग जाता है , इंसान के अगर व्यहार की बात करे तो पायगे की हर इंसान के अंदर अलग अलग किस्म के व्यवहार करने के अलग अलग तरीके होते है कोई अपना व्यवहार शांत रहकर दर्शाता है , कोई अपना व्यवहार शोर करके दर्शाता है ,यहाँ पर शांत रहने से मेरा सेंस है कि कोई व्यक्ति किसी के ऊपर अपना व्यवहार करता है या एहसास करता है तो उस एहसास को वह अन्य व्यवितयों को नहीं बताया कि मैने उसकी इस प्रकार मदद की तो वह उस मदद को शांत रहकर दर्शा रहा है और अगर व्यक्ति उस मदद को अन्य किसी से कहता है तो वह शोर कर रहा है कि मैने उसकी मदद की उसके इस व्यवहार को देखकर समाज का आम नागरिक भी यह जान जायेगा कि वह व्यक्ति किस किस्म का है उसी तरह अन्य व्यक्ति उसके साथ उसके जैसा वयवहार करेगा । इस बीच दो बाते व्यक्ति के अंदर आती है

(1) उस व्यक्ति की साथ कैसा व्यवहार किया जाये।

(2) उस व्यक्ति के साथ जैसा व्यवहार न किया जाय ।

कई बार ऐसा देखा जाता है कि हम किसी व्यक्ति को जानते तक नहीं है न ही उससे कभी हमारी मुलाकात हुई मगर एक बार में ही उसकी कोई हरकत देखकर वह अच्छा लगने लगता है मगर अच्छे का मतलब कहा तक अच्छा लग रहा है तुरंत के लिये (short time) के लिये या लम्बे समय (Long time) के लिये इस बात का डिसिजन हमारा दिमाग नहीं पता इस बात का डिसिजन हमारी अंतात्मा करती है किस या कितने समय के लिये हमें अछा लग रहा है, समाज के अंदर डिसीजन लेने में थोड़ी हिचकिचाहट है लगता है अगर यही सही न होके गलत साबित हुआ तो फिर क्या करूँ।

किसी को देखते हुये हम सामने बाले व्यक्ति आजमाना शुरू कर देते है फिर धीरे धीरे उसके करीब जाने की कोशिश करते है जब वह कारक आता है तो लगता है इसको और जाना जाय यह जानने की प्रक्रीया लम्बे समय तक चलती है। मानवीय मष्तिक ईद बारे में एक दम से डिसिजन नहीं ले पाते और अंदर से एक डर लगा रहता है, समाज के अंदर कभी कभार हम पाते है कि कोई शांत किश्म का व्यक्ति को हमारे समाज में

कमजोर समझ लेती है मगर यह मानना सही है क्या अगर हम हाँ के पक्ष में जाते है तो हम पायगे कि इसको श्रेय लगभग 70% लोगो का सही होता है समाज के अंदर के मात्र 30% ही ऐसे व्यक्ति होते है जो लगभग ये मानते है अगर वो शांत है तो उसकी वजह कुछ और है कमजोरी नहीं। कमजोरी

शारीरिक कमजोरी मानसिक कमजोरी आर्थिक कमजोरी

(1) शारीरिक कमजोरी -: इसके दौरान वह व्यक्ति आते है जो देखते में कमजोर शरीर के लगते है जिससे खून की मात्रा कम होते है थोड़ा सा काम के बाद ही थक जाता है ज्यादा समय तक फिजेकल मेहनत नहीं कर पता है

(2) मनिष्क कमजोरी -: इस श्रेणी में वह लोग आते है जिन्हें हमारी समाज लगभग के रूप में काम दिमाग बाला बोलती है जिसके दौरान हम पाते है अगर कोई मेंटली कार्य हो तो वह जल्दी से नहीं कर पता उसे सूचने में बक्त लगता है

जैसे-: किसी किताब को जो नार्मल उसी भाषा ही जिसे बो जानता है उसे उस किताब को समझने में एक अबधि बसे ज्यादा समय लग जाता हैं।

(3) आर्थिक कमजोरी -: यह एक ऐसी स्थिति है जिससे 70% से 90% व्यक्ति समाज के सामने बहुत कमजोर महसूस करता है इस स्थिति से गुजरने वाला व्यक्ति शायद ही आपने पैसे का दुपरयोग करे लगभग 50% से 55% तक तो नहीं करते मगर हम पाते है कि 45% व्यक्ति के पास अगर अचानक पैसा आ जाये तो उसका उपयोग सही मायने में नहीं कर पाता अगर उसके पास धैर्य तथा दिमाग का सही लेवल से न चलना पाया जाता है तो ,"सही कहते है जो गरीबी से गुजरता है उसको हर चीज का अहसास होता है ",

दुसरो के प्रति हमारी सोच कैसी काम आते है यह हमारी व्यक्तत्व को दर्शाती है कभी कभार हम पाते है कि कुछ गलत फेमियाँ हो जाती है इसका मुख्य श्रेय जाता है हमारे अंदर की नेगेटिविटी power को इसको शुरुआत हमारे समाज से हमारे परिवेश से गलत फेमियाँ हम सब के अंदर आते है मगर इसका एक समय होता है किस समय इनका आना उचित है किस समय नहीं ऐ डिपेंड होता सीचुऐशन पर । गलत

फेमियाँवके आने का मुख्य कारण होता है शब्दो तथा सीचुऐशन का सही पहचान काने में समय लगता है मगर एक ट्रेन्ड व्यक्ति को इसकी पहचान करने में ज्यादा समय नहीं लगेगा।

Ex. अगर किसी व्यक्ति के पास कोई दूसरा व्यक्ति किसी कार्य हेतु जाता है मगर इस बीच तीसरा व्यक्ति जो कि दूसरे व्यक्ति का दूशमन है वह समझता है कि यह मेरे साथ क्या हो रहा है जो कि नेगेटिव है इस पुरे उद्धारण का सही क्रम है इसको अंदर हम पाते है कि दो क्रम है पहला क्रम है कि सामने वाला व्यक्ति जिसके पास जाया जाता है यानि जो व्यक्ति गया है वह व्यक्ति कि समाज के अंदर क्या रेप्यूटेशन है समाज उसको किन नजरो से देखती है (इस उद्धारण में पहला व्यक्ति वह है जिसके पास जमा जाता है दूसरा व्यकित है जो जाता है और तीसरा व्यक्ति वह है जो उन दोनों को बात करते हुए देखता है) इन तीनों में हर व्यक्ति कि समाज इनको किस प्रकार की इज्जत है या समाज इनका किस प्रकार से सम्मान करती है । वात हो रही थी कितना समाज सम्मना करती है क्यों की समाज के अंदर अक्सर हम देखते है की अगर जिस व्यक्ति कि समाज में अत्यधिक सम्मान होगा उस व्यक्ति के पास जो भी व्यक्ति जायेगा तो सामने वाला व्यक्ति या अन्य देखने वाला व्यक्ति के दिमाग में हमेशा है सही विचार प्रकट होना उस व्यक्ति के शिक्षा तथा परिवेश पर डिपेंड करता है क्यों कि जिस सम्मन्ति व्यक्ति के पास जाया जाता है वो हमेशा सही हो ऐ भी तो सही नहीं है लेकिन लगभग कई मामेलो में वो सेहो होगा तभी तो उसका समाज सम्मान किया जा रहा है, इस वीच हम एक छोटा सा पछ और बताते चले , जैसे किअध्याय का जो नाम "दुसरो के प्रति दो किस्म के व्यकितयों का आना होता है एक तो वो व्यक्ति जो हमारे परिवार के सदस्य नहीं है और एक वो जो हमारे परिवार के सदस्य है जो परिवार के सदस्य नहीं है उन व्यकितयों के बारे में हम अलग सोच रखते है जो परिवार के सदस्य है उनके बारे में अलग सोच मगर कभी कभार देखा जाता है कि हो परिवार का सदस्य नहीं है उसके प्रति भी गहराई से अपनापन आ जाता है ऐसा लगता है कि ऐ भी एक मेरे परिवार का सदस्य है , अगर वह व्यकित कोई गलती कर देता है तो हमे लगता है कि या हमारे परिवार जानो को

लगता है वह सोचते है ऐ तो में पहले से जनता था कि यही सही नहीं है ऐसा इसलिए होता है क्योंकि हम सही मायने में उस पर विशवास कभी करते ही नहीं थे इसलिए मगर वही व्यक्ति हमारे परिवार के प्रति कुछ अगर कुछ अच्छा कर देता है तो हमें लगता है ऐ भी हम जानते थे कि अच्छा है (वह व्यक्ति)

दुसरो में अपनापन में एक फर्क होता है दुसरो में वह व्यक्ति आता है जिसकी हरकत देख कर हम विश्वास करते है वह समाज में रहता है कैसा उसका व्यवहार है यह सब देख कर उससे मिलते है या मिलाना चाहते है या फिर उसके बारे में सोचते है मगर दुसरो में अपने भी आते है जो हम से अलग है अलग का मतलब हमारे जैसे शरीर के नहीं है हमारे जैसी हरकत नहीं है बस हमारे परिवार के सदस्य है इसी बीच एक चीज और हमारे समाज की पहचान बनाती है या यू कहे कि पहचान बनाने का प्रयास करती है ,जैसा कि इस अध्याय के नाम के अककोडिंग ही चले तो दो भागो में बाँट सकते हैं।

व्यक्ति

दूसरों के लिए (प्रति)

सम्मान इज्जत

इन दोनो शब्दों में डिफ्रेंस होता है इन दोनों शब्दो के मायनों में फर्क होता है हलाकि इनका मानना एक होता है मगर यह डिपेंड करता है persoan पर जो भी सामने है उस पर ।

Ex. कि अगर सामने दो व्यकितयों को खड़ा कर दिया जाता है जिसमें से पहला व्यकित आपके पिता है और दूसरा वियक्ति एक ऐसा व्यकित है जिसको आप बचपन से देखते चले आये है

पिता - इस व्यक्ति के लिए आपके दिमाग में आपके ना चाहते हुए भी आप इसे सम्मान देंगे इस इन्हें आप इज्जत तो दोगे ही

अन्य व्यक्ति - मगर किसी अन्य व्यक्ति को सिर्फ आप इज्जत दोगे अब एक डिपेंड करता है उस व्यक्ति पर कि यह किस योग्य हैं क्योंकि जीवन में हम कई बार ऐसा होता पाते हैं जिसमें लगता है कि इस व्यक्ति को सैल्यूट तो बनता या सम्मान और इज्जत दोनों बनती है

इस बीच हमारे समाज में एक बात सुनने में और आती जिसको अक्सर हम दखते भी है, हम पाते है जब हमारे समाज के अंदर किसी व्यक्ति की किसी कारण वश मृत्यु हो जाते है ।तो हम देखने को मिलता जिसकी यहाँ मृत्यु हुई उसके यहाँ सारा समाज एकत्रित उसके दाह संस्कार के लिये , उस बीच हमें देखने को मिलता कि उस समय जितने भी जान इकटठे होते है तो मैने बाले व्यक्ति की सब के जुबान से उसकी अच्छाई सुनने में आती है मगर हम सब इस बात को जानते है कि जिस व्यक्ति की मृत्यु हुई है वह समाज के अंदर किस प्रकार का वयवहार रखता था। उसकी अच्छाई करना उस समय समाज को लगता है कि उसकी आत्मा ऐ सब सुन रही देख रही है (इस समय हम दूसरे सेक्शन में प्रवेश कर रहे है)जिसे हम अध्यात्मक रूप कहते है इसके अंदर मन जाता है कि मरने के बाद व्यक्ति की आत्मा घूमती रहती है और सब परिजन को देखती है और सुनती है इस बीच समाज के अंदर एक डर का माहौल रहता है एक ऐसा डर जो होता भी है और नहीं भी, इन दो बातों का अलग अलग मानना इसलिए जरूरी है कि समाज में भांति भांति के व्यक्ति रहते कोई सकरात्मक सोच रखता है कोई नकारत्मक कोई व्यक्ति इस बात को मानने से इंकार करता है कोई इस बात को मानने से इंकार करता है कोई इस बात को मानने से है कि आत्माये होती है । लैकिन सही मायने में हम निजी life को जोड़कर बात करे तो हम पायगे की हर किसी का एक जोड़ा होता है जैसे-: झूट-सच, सही-गलत, आत्मा-परमात्मा, भगवान-दानव, इसी प्रकार इनका होना भी सौभाबिक होता है , लेकिन इनको मानना या मनना एक पस्थिति पर डिपेंड करता है अक्सर हम अपनी जिंदगी में देखते है अनुभव करते है और पाते है कि अगर हमारे सामने कोई इतना कठिन काम हो या फिर वो काम हमने पहली कभी नहीं किया हो वह कार्य कठिन है और पहले बार किया जा रहा हो तो अक्सर हम हाथ जोड़ कर या आँख बंद कर जो मन से पार्थना करते है वह रूप ही भगवान का मानना होता है

जैसे- अगर में चाहता हु की में आज स्काई डायविंग करू और वह मेरी पहले स्काई डायविंग हो जो मैने पहले भी नहीं कि तो मैने अंदर से जो सोच जो हिम्मत नकारात्मक सोच को तोड़ेगी वह हिमत को हम या

हमारे समाज के अंदर भगवन का रूप दिया जाता है या माना जाता है यही प्रक्रिया हमारे समाज में यानि मानविया समाज में चाहती है एक कनेक्सशन का ढूढने पर साइंस कई रिसर्च हुई है और हो रही है यह ऐसा कनेक्सशन होता है जो हम इंसानो को किसी अन्य जीव से जोड़ता है दुनिया के हर समाज का वयक्ति तरक्की करना चाहता है किसी भी व्यक्ति से पूछो देखो तो हम पाते है उस व्यक्ति का एक ही जबाब मिलता है मुझे तरक्की करना है आगे बढ़ना है मगर खभी किसी ने ऐ सोचा है कि किस प्रकार ऐ शब्द हमारे दिमाग में आते है कौन मजबूर कर रहा है हमारे दिमाग को ऐसा करने । हमारे दिमाग को और हमारी शरीर को ऐसा करने पर हमारा समाज मजबूर कर रहा है अब इस मज़बूरी को हम दी भागों में बाँट कर बात करते है सामने बलि की प्रति नकरात्मक भावना का होना ।इस बात से हम सभी परिचित है कि समाज में भाँति-भाँति के लोग रहते है हर किस्म की सोच रखने वाले अच्छी सोच भी बुरी सोच भी समाज व्यक्ति का एक ऐसा आइना है जिसके प्रति व्यक्ति को सोच डवलप होती और समाज का व्यक्ति की सोच में डवलप होने में बहुत बड़ा मायना रहता है इसी प्रकार हम देखते है कि कोई व्यक्ति अगर सक्सेज होना चाहता है तो उससे पहले वह उन सक्सेज व्यक्तियो को देखता है जो सक्सेज हो चुके है , मगर इस बीच एक बात साफ करना चाह ता है इस सक्सेज की सोच रखने वाला व्यक्ति अगर सक्सेज नहीं होता है तो उसका समाज के प्रति नेगेटिव भावना उत्पन्न होती है मगर ऐसा कहना उचित नहीं होगा की सारे unsucces व्यक्ति समाज के प्रति negative भावना रखे ।

ऐ वही व्यक्ति के अंदर भावना उत्पन्न होती है जो व्यक्ति ने succes होने के पीछे कुछ गलत विचार पाल होऐसे व्यक्तियों की संख्या समाज के अंदर लगभग 100 में से एक या दो पर्सेंट तक होती है समाज में रहने वाला हर व्यक्ति प्रतियोगी भावना रखता लेकिन लगभग सभी व्यक्ति एक सुविचार के साथ चले यह भी जरूरी नहीं समाज के अंदर एक दूसरे की बराबरी करने की होड़ में व्यक्ति कहीं ना कहीं मानवता को भूलता चला जा रहा है। इस बीच व्यक्ति जीवन के अलग-अलग पढ़ाओ के चलते अलग-अलग व्यक्तियों के बारे में अलग-अलग अपनी सोच

बनाकर रहता है हमारी समाज में आप किस प्रकार सोच रहे हैं यह बहुत महत्वपूर्ण विषय रखता है फिर दूसरा महत्वपूर्ण विषय होता है कि आप किसके बारे में सोच रहे हैं। एक सामाजिक जीवन में आपके सोचने के स्तर आप के बढ़ते जीवन के साथ बदलते चले जाते हैं जैसे जैसे आपकी उम्र बढ़ती चली जाती है वैसे वैसे आपका रोजाना सोच दूसरों के प्रति अलग-अलग होती चली जाती है इस बीच आपका जीवन का अनुभव भी एक महत्वपूर्ण था रखता है इस विषय पर हम आएंगे टॉपिक पर चर्चा करने वाले हैं हम अपनी निजी जिंदगी में देखते हैं कि हमारी सोच में आए दिन परिवर्तन होता है यही प्रक्रिया हर व्यक्ति के साथ होती है मगर इस परिवर्तन का उपयोग आप दूसरों के प्रति कैसे कर रहे हैं यह महत्वपूर्ण दशा रखता है समाज में आप दूसरों के बारे में किस प्रकार सोच रहे हैं तथा अपनी उपयोगिता को किस प्रकार साबित कर रहे हैं समाज वही चीज दिखती है जो एक व्यक्ति देखता है मतलब है आप क्या हो इस बात से समाज को फर्क नहीं पड़ता या यूं कहें इसकी माथुर था ज्यादा नहीं है आप का समाज के प्रति रुझान व्यवहार कैसा है यह महत्वपूर्ण है कई बार हम समाज में देखते हैं कि कुछ व्यक्ति ऐसे होते हैं कि होते कुछ और है देखते कुछ और हैं इसको अगर हम सरल शब्दों में कहीं तू हमके सकते हैं अलग-अलग परिस्थिति में अलग-अलग दिखावा करना। कई बार देखा जाता है कि व्यक्ति दूसरों को अच्छा दिखाने में अपने आप में भी बहुत परिवर्तन कर लेता है (यहां परिवर्तन से हमारा मतलब होगा शारीरिक, मानसिक सामाजिक और आर्थिक रूप) है जिसमें कई बार अपने आपको फायदा पहुंचाता है और कई बार अपने आपको वह नुकसान भी पहुंचा था है मगर ज्यादातर व्यक्ति लगभग 60% से 70% व्यक्ति अपने आप को नुकसान की ओर ढकेलता है मगर इस स्थिति में वह समाज के प्रति और अलग कुछ जान जाता है जैसे दिखावा सिर्फ झूठा डराता है मगर वह सच्चाई से छुपता है।

इस बीच वह अनुभव प्राप्त करता है मगर उसका इस अनुभव की बात हम अपने अलग टॉपिक में करेंगे हम अपने जीवन में कई बार देखते कि हम सामने वाले के साथ किस तरह की सोच रख रहे हैं इस बात का निर्णय सामने वाले की कुछ भी हरकत होती तुरंत कि हम अपने आप

को उसके सामने रख देते हैं कि हम किस प्रकार की सोच रखते हैं बिना सोचे समझे अपने आप को दर्शा देते हैं कि हमें क्या करना चाहिए जो हमें उस वक्त सही लगता है वह हम कर सकते हैं या बोल देते हैं मगर हम उसका दूरगामी परिणाम नहीं देखते हैं। इस दुनिया के किसी भी समाज में (मनुष्य की)ज्यादातर यही देखा जाता है व्यक्ति अपने लिए वकील और दूसरों के लिए जज बन जाता। इसका मतलब है कि जब व्यक्ति स्वयं कोई गलती करता है तो उसको छुपाने के लिए उसके पास कई शब्द कई बहाने रहते हैं और जब किसी और ने गलती की हो तो उसके लिए तुरंत निर्णय ले डालता है यह सोच साफ-साफ दर्शाती है कि यह व्यक्ति ज्यादा होशियार नहीं है अकालदार(होशियार) व्यक्ति की पहचान होती है कि वह सबके लिए वही सोच रखें जो स्वयं के लिए रखी है।

अब हम बात करने वाले हैं मानवीय समाज से निकलकर मानव का अन्य प्राणियों के प्रति अपने आपको बताने की।

तू सबसे पहले हम बात करने वाले हैं और अन्य प्राणियों की जो मनुष्य के समाज में हमेशा से उनके साथ में रहे हैं पालतू पशु पक्षी या अन्य।

हम अपने समाज में ऐसा कई बार देखते हैं कि जो हमारा पालतू जानवर या पक्षी होता है उसके प्रति अपना नजरिया दर्शाने की।

मनुष्य

¬

पालतू गैर पालतू

जानवर

पक्षी

अन्य

भावना गुस्सा अन्य पक्ष

(प्यार) (नाराजगी)

अक्सर हम अपने समाज में देखते हैं कि हमारा व्यवहार अपने जानवर के प्रति कुछ अलग दिखाई देता है और दूसरों के जानवर के प्रति कुछ अलग दिखाई देता है (इस बीच हम अपने और पराए के बीच की कड़ी को समझाने की कोशिश करेंगे)

हम देखते हैं कि व्यक्ति खुद के पालतू जानवर की खाना-पीना नहाना

सब अच्छी तरह से करता है मगर अगर किसी का या यूं कहें कि दूसरों का जानवर आ जाए तो हमारा नजरिया उसके प्रति अलग हो जाता है जब कि ऐसा नहीं होना चाहिए।

वह हम बात करने वाले अपने उस वक्त की जो जीवन में हमें अपने समाज के प्रति (मनुष्य को) जानवरों के समाज के लिए समाज के लिए अपने आप की पहचान कराते हैं

अक्सर हम देखते हैं कि अगर हम किसी अन्य जानवर के नजदीक जाते हैं तो हम भी उससे डरते हैं और वह भी हमसे डरता है इसका सीधा सा सेन हमारे उस मनोकामना को जाता है जो हमारे समाज में हमें सिखाया है बताया है यह सही है मगर इसे हम अगर पूर्ण रूप से सही कहे तो यह गलत है क्योंकि दुनिया में कोई भी प्राणी चाहे वह मनुष्य हो या और कोई हर प्राणी अपनी सुरक्षा करना जानता मगर इस सुरक्षा के साथ कुछ सामाजिक परिस्थितियां भी रहती है जैसे। कई बार देखा जाता है कि प्राणी अपने जीवन को सुरक्षित रखने के लिए दूसरे का जीवन खत्म कर देते और कई बार देखा जाता है कि किसी और का जीवन बचाने के लिए अपना जीवन खतरे में डाल देते हैं।

यह बात हमारे पालतू पशुओं के ऊपर भी लागू होती है जो हमारा पालतू पशु रहता है वह अपने मालिक के लिए या यूं कहें कि अपने मालिक को तकलीफ बहुत कम ऐसा दौर आता है जब कभी वह तकलीफ पहुंचा

6

स्वयं की पीड़ा के दौरान

जिस अध्याय के बारे में हम बात करने वाले हैं वे अध्याय सिर्फ स्वयं पर लागू होता है इस अध्याय में हम दूसरों अन्य व्यक्ति को भी लेते चलेंगे मगर अपने तौर पर।

कक्षा के मुताबिक बताते चलें कि पिलाया दर्द को हम अन्य भागों में बांट कर बात करेंगे मगर दूरी पर रहने वाला हर प्राणी को दर्द होता है और दर्द दर्द होता है|

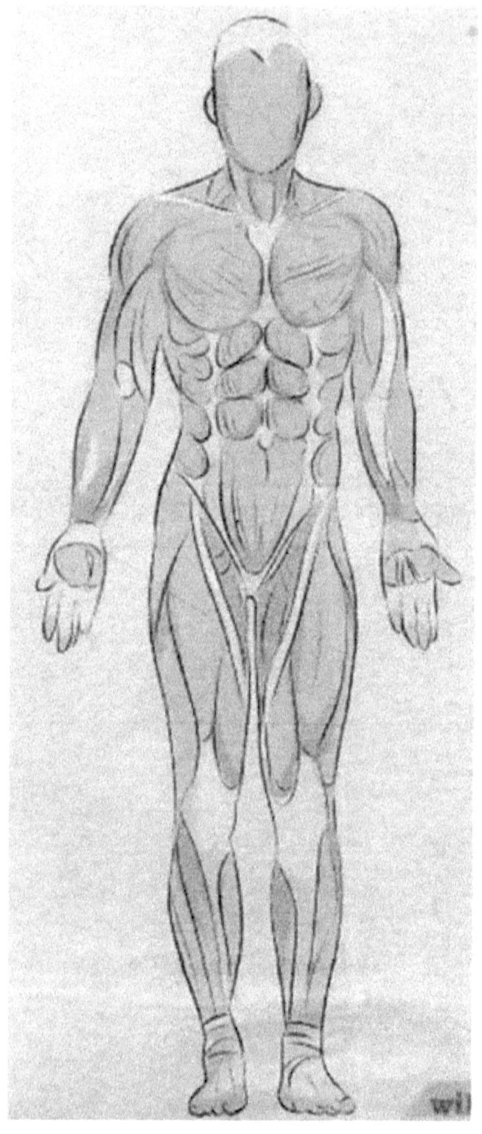

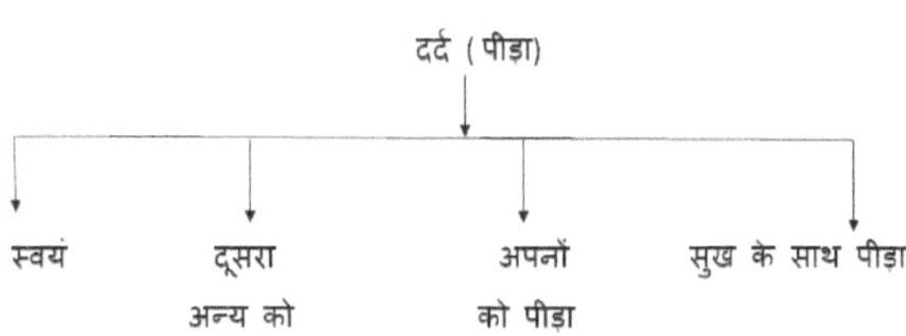

इस बीच ऐसे पॉइंट सामने आएंगे जिसमें लगेगा कि ए भी हो सकता है

स्वयं - स्वयं की पीड़ा के दौरान एक व्यक्ति जो सोच चलती है उसके शरीर कि जो हलचल होती है वह एक अजीब Expretion देखने को मिलता है इस समय व्यक्ति को जो एकाग्रता Concentrate रहता है वो किसी और पर जा ही नहीं पाता और पीड़ा या दर्द के द्वारा व्यक्ति को सिर्फ अपनी आप की जाना सोचता है दर्द का होना एक ऐसी प्रक्रिया मानी जाती है संपूर्ण प्राणियों के लिए जिस बीच रानी सिर्फ अकेलापन महसूस करता है लेकिन कई बार देखा जाता है कि अगर किसी पीड़ा को सही करना दर्द होता है तो हमें थोड़ा और दर्द की आवश्यकता होती है

जैसे - अगर किसी व्यक्ति का कांटा चुभ जाता है तो उसको जो दर्द होता है कष्ट होता है वह एक दर्द तो है मगर उस दर्द को सही करने के लिए क्या नहीं कांटे को निकालने के लिए हमें थोड़ा और दर्द सहना पड़ता है कांटा निकले के उपरांत जो हमारे शरीर को शांति मिलती है भाई शांति एक रूहानी शांति रहती है 11 ठंडक जिराको कोई भी व्यक्ति शब्दों में बयान नहीं कर सकता।

इस बीच हम बात करते हैं दर्दों के अलग-अलग कहो ना कि किसी भी प्राणी को या मनुष्य को कितने प्रकार के दर्द होते हैं (वैसे दर्द-दर्द होता है) मगर इसको अगर हम अलग-अलग भागों में बांटकर बात करने की कोशिश करें या ऐसी और गहराई से जानने की कोशिश करें तो हम पाते हैं कि इंसान का शरीर पांच तत्वों से मिलकर बना है। (यह एक

आध्यात्मिक तौर से बात कर रहे हैं)। तो किसी भी प्राणी में दो प्रकार की पीड़ा होती है इन दो प्रकार की पीड़ा को हम अलग अलग से जानने की कोशिश करेंगे इस बीच हम उन बातों को भी रखने वाले हैं जिन पर आपका विश्वास होना कम होता है मगर यही सच्चाई है। यह पृथ्वी पर रहने वाले किसी भी प्राणी को दर्द या पीड़ा होना पसंद नहीं है मगर हम पाते हैं कुछ दर्द होते हैं जिनका होना पसंद तो नहीं अच्छा तो नहीं लगता मगर वह होना भी सही है एक स्थिति के अनुसार। दर्द का होना किसी व्यक्ति या किसी प्राणी के अंदर एक सीमा के अनुसार होता हम पाते हैं अगर किसी का कम दर्द हो रहा है तो उसका ब्रेन या बॉडी कार करने के पक्ष में है अगर ज्यादा दर्द होता है तो सिर्फ उसे सही करने की सोचता है

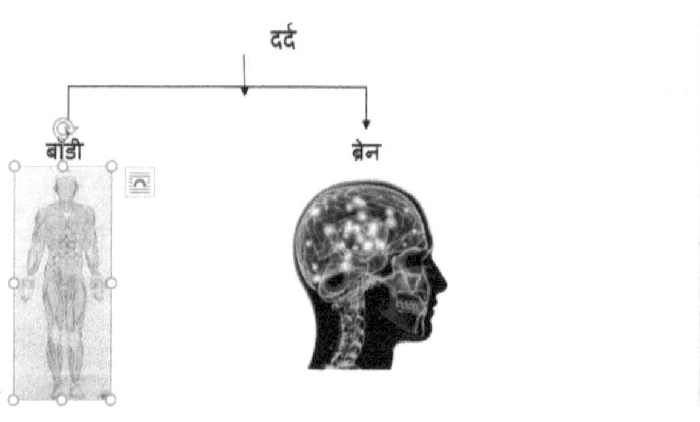

बॉडी - हमारे शरीर में अलग-अलग प्रकार के दर्द अलग अलग तरीके से होते हैं जैसे चोट का दर्द अलग होता है कांटा चुभने का दर्द अलग होता है जलने का दर्द अलग होता है इन छोटे-छोटे दर्द में प्राणी है व्यक्ति चिल्लाता नहीं उसे सहन कर सकता है उसका इलाज करने की सोच सकता है इलाज कर भी सकता है बॉडी का दर्द हमेशा सिर्फ स्वयं को महसूस होता है इसका एहसास कोई अन्य व्यक्ति नहीं करता है बस फर्क इतना होता है कि उस दर्द के दौरान काजू और जितना बड़ा एक्सप्रेशन होगा सामने वाला उसे देखने के बाद उतना ही इमोशन भी देखेगा और महसूस करने की कोशिश करेगा मगर वह इमोशन इमोशन

होते हैं अगर ऐसा इमोशन जो स्वयं नहीं दर्द हो रहा है मगर उसे महसूस करने की कोशिश की जा रही।

अब्बा स्वयं की इंदर दो को होने की तो इसको हम 1% में बैठ कर बात करें तो यह बात और साफ और सुलझी हुई नजर आएगी जैसे-जैसे दर्द का क्रम बढ़ता चला जाएगा वैसे-वैसे रानी कैसा महसूस करता है और क्या सोचता है कितना सोचता है और क्या सोचने की कोशिश करता है। इस बीच हमारा लास्ट स्कोर 10% रहेगा।

हम बात करते हैं 0% से शुरू जहां पर हम पाते हैं इंसान ने या किसी भी प्राणी को जब दर्द कि वह स्टेज है जब इसे भूख लगती है लेकिन इस सिचुएशन मैं या फिर यूं कहें कि इस स्टेज में प्राणी अनंत तक सोच सकता है कुछ भी कर सकता है यहां पर 2 शब्दों को साफ़ कर जाना अच्छा रहेगा जिसमें से पहले अनंत इस शब्द के बारे में अगर हम बात करते हैं तो दिमाग के अंदर एक कभी ना खत्म होने वाली एनर्जी का सवाल उठता है इसका मतलब प्राणी जब तक जिंदा रहता है तब तक पहलू का बना रहता है मतलब किसी ना किसी की चाहत रहती है पृथ्वी पर रहने वाला हर प्राणी सिर्फ खाने से ही तो जीवित है यहां पर खाने के लिए ही जीता है और भी उद्देश है इस बारे में हम आगे अध्याय में बात करेंगे प्राणी को 0% दर्द यही है इसका सापेक्ष अनंत तक जाता है अगर हम दूसरा शब्द शब्द है

कुछ भी - इस शब्द का सही मायने में कहीं तो कुछ मतलब नहीं होता एक खाली शब्द है मगर इसका भी कंडीशन के अनुसार इस का मायना बहुत बड़ा है कुछ भी यही दुनिया का कोई भी काम सिर्फ अपने पेट के लिए खाने के लिए किसी का अच्छा किसी का बुरा फर्क नहीं पड़ता पृथ्वी पर रहने वाला हर प्राणी को जब भूख लगती है तो उसका बॉडी ब्रेन सिर्फ उस वक्त उसे मिटाने की सोचता है (भूख को) मगर कई बार हम पाते हैं कि इस बीच प्राणी का संयम कम आता है खासकर मनुष्य का पृथ्वी पर रहने वाला सबसे शातिर चालाक इसके पास कुछ ऐसी पावर है जो अन्य प्राणी के पास नहीं है।

अब हम पहली स्टेज शुरू करने जा रहे हैं जिसकी शुरुआत 1% से होती है इस बीच प्राणी या इंसान को दर्द की स्थिति शुरू होती है कुछ चुभ जाने

से जैसे कांटा खटमल या मच्छर त्यागी स्थिति में व्यक्ति जाना नहीं सोचता अपने वर्तमान के काम पर जो वह कर रहा है उसी पर फोकस किए रहता है ज्यादा सोचना जाना कुछ करना नहीं बस अपने काम पर ध्यान बना रहता है अगर हम सही मायने में बात करें तो हम पाते हैं कि हमारे दर्द की शुरुआत यहीं से होती है पर हमारे अंदर डर की शुरुआत भी इसी समय हो जाती है वैसे सही मायने में इंसान के ब्रेन और बॉडी को कभी दर्द नहीं होता मगर बॉडी के अंदर जो ऊतक होते हैं उन्हें दर्द होता है या फिर यूं कहें कि हमारे अंदर के ऊतकों को दर्द का एहसास होता है हमारे शरीर में कई प्रकार के ऊतक होते हैं हर प्रकार के ऊतक का अलंकार होता है। लेकिन हमारे शरीर के अंदर अरबों की संख्याओं में एक नेटवर्क की भांति कैशिकाये फैली हुई है इन केशिकाओ का उपयोग हम आगे बताएंगे कि किस प्रकार हमारी केशिकाओ का जो जाल विधा हुआ है वह हमारे समाज मैं तथा दूसरों के साथ कैसे काम करता है तथा उन्हें सुख और शांति का अहसास कैसे होता है।

अगर हम बात करें दर्द की अगली स्टेज की 2% तो इस स्थिति में वह स्थिति आती है जिसके द्वारा व्यक्ति को दर्द होने का अहसास बढ़ जाता यानी हमारे शरीर के अंदर की कैशिकाये की स्थिति में परिवर्तन होना शुरू हो जाता है स्थिति में दर्द देने की या होने की कारण होते हैं जैसे पैदल चलते समय ठोकर खाना खाना पकाते समय चल जाना या फिर किसी कर्म वस्तु को पकड़ने के दौरान जो तक एहसास हमारे शरीर को होता है वह दूसरी स्टेज होती है इस दौरान हमारी बॉडी मां बहन एक झटका की तरह काम करता अचानक ही उस वस्तु से या उस जगह से अपने आप को हटा लेता है हमारे शरीर को लगता है कि हमें दूर होना चाहिए हमारी कोशिकए अपने आपको उस स्थिति से अलग करती है इस बीच दर्द के अन्य कारण भी हो सकते हैं यानी अलग-अलग कारण से भी दर्द हो सकता है जैसे हाथ की कोहनी नहीं किसी से टकरा जाना या फिर चलते वक्त किसी चीज से टकरा जाना इत्यादि इस स्थिति में व्यक्ति की सोच एकदम कार्य करती है इस कार्य करने का मुख्य कारण है हमारी तंत्रिका तंत्र का अच्छी तरह से कार्य करना नहीं तो कई बार हम देखते हैं कि हमें किसी वस्तु या किसी नुकीली वस्तु से हमारे शरीर में खरोच

लग जाती है और हमें एहसास तक नही होता है इसका मतलब हमारी केशिकाये सही मायने में काम नहीं कर रही है और कई बार इसको हम ध्यान में भी रख देते हैं अक्सर उस स्थिति पर हमारा ध्यान नहीं जाता अगर हम कोई कार्य कार पूरे ध्यानपूर्वक कर रहे हैं।

अब हम अगली स्टेज की शुरुआत करने जा रहे हैं इस स्टेज के दौरान हम कुछ सामाजिक पक्ष को भी जोड़ेंगे और हम पाएंगे कि व्यक्ति इस स्टेज में कितना सोच सकता है अगली स्टेज है हमारी 3% इस स्टेज में हम शरीर पर किसी प्रकार का घाव पूजा ना इस बीच गांव को हम दो भागों में बांट कर बात करने वाले हैं

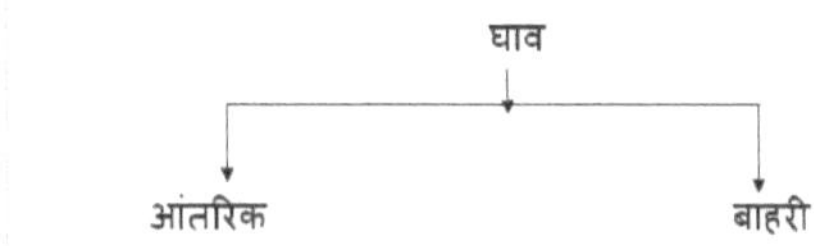

इस बीच पहले हम खाओ के बारे में बात करेंगे जो हमारे शरीर के ऊपर किसी कारण बस या हमारी गलतियों से हो जाते हैं पूर्ण रूप से इसे हम अपनी गलतियों से होना नहीं मान सकते कभी कभार ऐसा हो सकता है हमारे शरीर के ऊपर किसी गांव का हो जाना यह हमारे दिमाग को डिप्रेटिड कर सकता है ह्यूमन ब्रेन यह के घाव को देखते ही गहरी सोच बना लेते हैं उसके बारे में कई बातें सोचने लगता है यह सब डिपेंड करता है घाव भोले के ऊपर की गांव की क्या सीमा है अगर शरीर के ऊपर का घर जाना गहरा हुआ तो वह ब्रेन ज्यादा सोचता है हमारे शरीर के अंदर कुछ ऑटोमेटिक कार करने वाली मांसपेशियां होती है जो हमारे कंट्रोल में नहीं होती है या यूं कहें कि वह हम कंट्रोल में करते नहीं है खाओ होने के उपरांत हमारा ब्रेन निरंतर उसी पर फोकस किए रहता है अलग से ज्यादा मात्रा में हमारा दिमाग कुछ सोच ही नहीं पाता वह गांव हमारे दिमाग का नासूर की तरह छुपता है जब तक वह ठीक ना हो जाए।

अब हम दूसरे गांव के बारे में बात करेंगे जिसे हम आंतरिक गांव कहते हैं इस आंतरिक गांव में हम दो तरह से बाटेंगे।

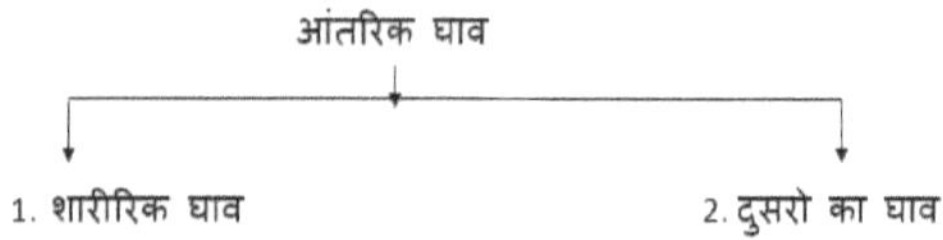

1. शारीरिक घाव में वह घाव आती है जो शरीर के अंदर हो जाते हैं जैसे व्यक्ति को छाले हो जाना कैंसर हो जाना थोड़ा या फुंसी हो जाना इत्यादि
2. बाहरी घाव क्या दूसरों के द्वारा दिया हुआ घाव को हम इमोशनल हार्ड लेस कह सकते जब व्यक्ति को किसी अन्य व्यक्ति द्वारा कुछ ऐसे शब्द सुनने को मिलते हैं जिसके द्वारा वह बहुत दुखी होता है यानी उसे अंदर से लगने लगता है कि यह गलत हुआ।

जैसे :- अगर किसी व्यक्ति को किसी वस्तु की जरूरत है और वह व्यक्ति आपसे वह वस्तु मांग रहा है जो आपके पास है मगर आपने उसे यह कहकर वह वस्तु नहीं दी थी कि उस वस्तु लायक आपकी औकात नहीं है इन शब्दों से छुपाए व्यक्ति फील करेगा उसे हम इमोशन हार्डलेस कहते हैं आंतरिक दर्द कहते हैं इस बीच आंतरिक पीड़ा के दौरान अन्य पक्ष भी आते हैं जिसके बारे में हम आने चर्चा करेंगे जिसमें हम और जानकारी प्राप्त करने की कोशिश करेंगे।

हमारी अगली स्टेज है 4% इस स्टेज में हम व्यक्ति के दर्द को और अधिक बढ़ा कर बात करेंगे और हम पाएंगे कि किसी व्यक्ति को अगर 4% की पीड़ा होती है तो वह क्या सोचता है उसका ब्रेन बॉडी किस प्रकार व्यवहार करता है 4% में है दर्द देने वाले या होने वाले की डालना चाहेंगे व्यक्ति को किसी के द्वारा काट लेना जैसे बिच्छू कुत्ता या फिर ऐसा कोई अन्य जीव जिस की पीड़ा अत्याधिक हो इस बीच व्यक्ति की सोच हमेशा 80 से 85% कंस्ट्रेंट एकाग्रता में आ जाता है सिर्फ व्यक्ति उस

समय अन्य किसी के बारे में सिर्फ 15% तक ही सोच पाता है उसका पूरा ध्यान उसी की तरफ रहता है जहां उसे काटा गया है बॉडी के अंदर जब दर्द उत्पन्न होता है तो हमारा शरीर सिर्फ उसे महसूस कर सकता है सोच नहीं सकता सोच ले का कार हमारे दिमाग का है तो उस समय हमारा दिमाग उसके निदान उसके सही होने की दशा में ही सोचता है इस अन्य व्यक्ति क्या कह सकते हैं क्या नहीं उससे उसे कम ही फर्क पड़ता है सुनता है मगर करता अपनी है जो उसका दिमाग कह रहा है प्रति हमेशा पीड़ा के द्वारा सिर्फ अपने आप में मगन हो जाता कहां पर मग्न हो ना सही नहीं है अपने आप में ही गहरी तरीका से खो जाता कह सकते हैं।

हमारी अगली स्टेज 5% इस स्टेज में हम पाएंगे कि व्यक्ति की सीमा अपने आप तक ही हैं या फिर दर्द के द्वारा दूसरों तक भी हो जाति यानी मदद की इच्छा बढ़ जाती इसमें हम कह सकते हैं कि यहां से मदद मांगने की प्रक्रिया शुरू हो जाती यानी दूसरों का सहारा लेना शुरू हो जाता है हम पांचवी स्टेज में रखने वाले हैं शरीर की लीड और गर्दन की हड्डी को छोड़कर अन्य किसी हड्डी का टूटना इस दर्द से लगभग सभी व्यक्ति बांके होंगे अगर उन्हें स्वयं एक दर्द नहीं हुआ होगा तो इस दर्द से तड़पते व्यक्ति को देखा जरूर होगा संसार में सभी प्राणियों को जिसमें जान है दर्द का एहसास होता है इस बात को हम मान कर चलेंगे कि किस प्राणी में कितना दर्द सहन करने की क्षमता होती है इस विषय पर हम आगे बात करने वाले हैं जबकि इंसान या अन्य कोई प्राणी की शरीर का कोई भी अंग की हड्डी टूटती है तो व्यक्ति की सोच एकाएक खुद मदद न करके दूसरों की मदद की कल्पना करने लगता है उस समय हमारा दिमाग सिर्फ दूसरों के बारे में सोचता है लेकिन अपने लिए यानी दूसरे किसी व्यक्ति से मदद की इच्छा रखने लगता है अपने अच्छाई की सोच कर इस विषय पर गहराई से अगर देखा जाए तो हम पाते हैं कि व्यक्ति इस समय किसी ऐसे व्यक्ति पर भी Trust करने में नहीं सोचता है कि सामने वाला व्यक्ति Trustable है या नहीं वह किसी भी व्यक्ति से मदद मांग सकता है व्यक्ति के शरीर की किसी हड्डी के टूटने का सीधा मतलब है कि उसका दिमाग घनिष्ठ एकाग्रता मैं आ जाना मगर दूसरों के सहारे कई बार ऐसी परिस्थिति भी देखी गई है कि व्यक्ति अकेला हो

और उस स्थिति में पहुंच जाए यानी उसका शरीर की कुछ किसी या कोई एक हड्डी टूट जाए कारण बस जैसे गाड़ी के दौरान किसी ऊंची स्थान से गिर जाए कुछ भी कारण व्यक्ति कि हड्डी टूट जाए अकेला स्थिति ने पहले वह चिल्लाएगा किसी को पुकारेगा जब कहीं से कोई उत्तर आता नहीं दिखेगा तो वह स्वयं अपने आप को ठीक करने की कोशिश करेगा उसे उसे बांधेगा कुछ समय तक रोकने की कोशिश करेगा उसे उस समय उम्मीद रहेगी याद रखेगा कि इसे सिर्फ मैं किसी डॉक्टर तक पहुंचा दूं और फिर उसके द्वारा बंधा हुआ ऐसा निकल भी जाए व्यक्ति हमेशा से ही उस माध्यम पर भरोसा करता चला आया है जो उसे सुकून देता है अगली स्टेज होगी हमारी 6% जिसमें हम पाएंगे कि व्यक्ति को इस प्रकार के भी दर्द होते हैं कि व्यक्ति को दर्द नहीं होता वह सिर्फ महसूस कर सकता है मगर असलियत में वह हो नहीं रहा है इस स्थिति को हम (साइलेंस मसल्स) की श्रेणी में डाल सकते हैं लेकिन लाइफ में अक्सर ऐसे कैसे देखे जाते हैं जिसमें व्यक्ति जिंदा है बात कर रहा है मगर जो दर्द उसे हो रहा है उस दर्द को डॉक्टर को कह नहीं पा रहा है जिसको हम मेडिकल भाषा में कहते हैं पैरालाइज हो जाना और भाषा में लकवा मारना कहते हैं

इस स्थिति में व्यक्ति का शरीर का कोई भी अंग चाहे वह हाथ हो या पैर हो या फिर एक तरफ का हिस्सा वह दाएं साइड का या बाएं साइड का या फिर कोई एक अंग बॉडी का कोई भी पार्ट यह भाई स्थिति होती है व्यक्ति के जीवन में जिस स्थिति में इंसान एक अलग चाहे रखने लगता है मृत्यु कि चाह जब किसी व्यक्ति को पैरालाइज हो जाता है वह अपना जीवन जीने की चाह ना रखकर उसे खत्म करना उचित समझने लगता है वह अगर जीना भी चाहे तो वह दूसरों के सहारे जी सकता है उसके शरीर में वह क्षमता या ताकत नहीं बचतीजो ताकत एक नॉर्मल व्यक्ति में रहती है शरीर का कोई भी ऐसा चाहे वह हाथ पैर हो या दिमाग हो या हमारा सारा शरीर हो साइलेंट की स्थिति में पहुंचते ही वह काम करना बंद कर देता है उस स्थान की मांसपेशियां पूर्ण रूप से कार्य करना बंद कर देती हैं इस क्षेत्र 6% की स्टेज से व्यक्ति के जीवन की एक नई सोच की शुरुआत हो जाती है यानी मृत्यु की मांग करने की इसके आगे की स्टेज में भी

पाएंगे बढ़कर मांग करने लगनाहमारी अगली स्टेज है 7% इस स्टेज में हम जाने कि या यूं कहें कि दर्द को अधिक गहराई से जानने की कोशिश करेंगे 7% मैं उस दर्द को रखने वाले हैं जिसमें व्यक्ति अपने भविष्य के या फिर अपने बच्चों या आने वाली पीढ़ी या जो चल रही है उसके बारे में सोचने लगता है इस स्टेज में हम व्यक्ति को हार्ट पेसेंट यह कैंसर पेसेंट की स्थिति में डालकर बात करने वाले हैं इस स्थिति का व्यक्ति अपने आप में ही अपने भविष्य के बारे में अपने बच्चों के बारे में या फिर अपने चाहे तो के बारे में सोचने लगता है उसको दुनिया समाज से एक गहरा लगाव सा होता चला जाता है वह हमेशा चाहता है कि मैं अपनों को जितना प्यार दे सकूं दूं उनके साथ अपना जितना समय दे सकता दूँ उसके दिमाग में जिसकी जितनी मदद की इच्छा बढ़ती जाती है हमारे समाज में इसका उल्टा भी होता है क्या हो सकता है लेकिन ज्यादातर व्यक्ति इस स्थिति में आने के बाद इसी प्रकार की सोच रखने लगते हैं "इस दुनिया में कुछ ऐसी सच्चाई भी है जिन पर व्यक्ति विश्वास कम करता है मगर जानना बहुत अच्छी तरह से है" इस स्थिति में व्यक्ति की बॉडी का अचानक ही बदलना शुरू होजाता है अगर हम हार्ड के पेशेंट की बात करें तो हम पाते हैं कि जब उसे पहली बार हम दर्द का एहसास होगा तो वह बहुत ज्यादा घबराता है वह मदद की गुहार नहीं कर पाता इस स्थिति में जब व्यक्ति पहुंचता है तो उसकी बॉडी पूरी तरह से टूट जाती है या यूं कहें कि व्यक्ति अपने आप में काम करने लायक नहीं बसता उसे अचानक बहुत जरूरी दूसरे की मदद की जरूरत होती है
अब हम बात करें कैंसर के पेशेंट की तो हम पाते इस स्थिति की शुरुआती स्टेज 1 नॉर्मल दर्द की भांति होती है फिर वह दर्द जब ज्यादा होने लगता है तो व्यक्तिडॉक्टर के पास जाता है यहीं से उसका डर और चाहत और बढ़ जाती है मगर इसमें यह नहीं कह सकती कि डॉक्टर को बताना ही नहीं चाहिए वह उनका काम है उनकी Duty है व्यक्ति की दोनों चीजें यहीं से शुरू हो जाती हैं उसके दिमाग में एक कहां हुआ सुना होगा तथा अपने समाज में इस स्थिति वालों को देखा हुआ अपने आंखों के सामने आने लगता है क्योंकि हर व्यक्ति में इतना आत्मबल होता है कि वह अपने आप को अपने मन को कुछ समय के लिए रोक सकता है यानी

किसी भी बीमारी से काफी समय तक लड़ सकता है यह डिपेंड करता है बीमारी पर अक्सर कैंसर वाला व्यक्ति अपनी आने वाले समय के बारे में अगर परिवार है और उसका कोई चाहने वाले हैं तो वह उन्हीं के बारे में सोचने लगता है एक प्रकार की ऐसी सोच हो जाती है जो निर्धारित हो जाती है समाज में लगभग 80% से 90% लोग इसी के अंदर आते मगर 5% व्यक्ति या इससे कम व्यक्ति ही इस सोच को ना सोच अपने आप की खुली जिंदगी की तरह जीती है या खुले शब्दों में कह सकते हैं इस दुनिया को और जानने की और चाय हो जाती है वह दुनिया को घूमना चाहेगा उसे और जानना चाहेगा

अब हम अगली स्टेज की ओर बढ़ते हैं और जानने की कोशिश करते हैं कि व्यक्ति इस स्टेज में कितना तथा क्या सोचता है हमारी स्टेज है 8% इसमें हम दर्द की मात्रा को बढ़ाने वाले हैं यानी इस स्टेज में हम डालने वाले हैं व्यक्ति के शरीर से उसका कोई अंग अलग हो जाना यानी शरीर को कोई अंग पूरी तरह से शरीर से अलग हो जाना यानि कट जाना।

इस परिस्थिति मैं व्यक्ति का दिमाग और शरीर पूरी तरीका से अपने आप में आ जाता है यानी उसका दिमाग और किसी के बारे में नहीं सोच सकता है यानी वह उस समय सिर्फ अगर काटने वाला हिस्सा एक रोकने गायक है तो वह सहन कर सकता है अगर वह कोई ऐसा ऐसा हुआ जो सहन नहीं किया जा सकता जो व्यक्ति मौत की गुहार लगाता है मौत मांगता जैसा कि मैं पहले ही बता चुका हूं कि एक कैपेसिटी के ऊपर डिपेंड करता है कि व्यक्ति कितना दर्द सहन कर सकता है ऐसे दुनिया में मेडिकल लाइन के सामने कई के सामने आ चुके हैं कि व्यक्ति का पैर भी कट गया तो भी वह वही कर सकता है जो एक पैर वाला व्यक्ति कर सकता है इस बीच इंसान का आत्मबल काम करता है

अब हम 9% की स्टेज में दाखिल हो रहे हैं इसमें हम पाएंगे कि व्यक्ति हर तरह से परास्त होकर अपने आप में खो जाता है उसे इस बात से कोई फर्क नहीं पड़ता कि दुनिया में क्या हो रहा है अन्य व्यक्ति या समाज क्या सोचती है क्या करती है वह पूर्ण रूप से अपने आप में खो जाता है एक स्टेज होती है दर्द की कि उसे दर्द का भी अहसास होना बंद हो जाता है यानी वह अब दर्द को भी महसूस नहीं कर सकता सीधे शब्दों में कहीं

जैसा कि पहले ही बता चुका हूं कि हमारी बॉडी के कुछ अंगों का एकदम साइलेंस की स्थिति में पहुंच जाती कारण कोई भी हो सकता है लेकिन हम 9% की इस स्टेज के बारे में बात करेंगे तू इसे स्टेज में हम रखने वाले हैं हम आपको यह एक ऐसी स्थिति होती है जिसमें व्यक्ति का शरीर पूरी तरह से काम करना बंद कर देता है उसका शरीर तथा दिमाग के कुछ हिस्से ही काम करते हैं एक तरीका से कह सकते हैं वह व्यक्ति एक जिंदा लाश की भांति हो जाता है इस स्टेज के व्यक्ति में एक तरीका से एनर्जी होते हुए भी नहीं होती किसी भी कोमा वाले व्यक्ति के शरीर पर अगर जख्म है तो वह सही होता है जिस प्रकार एक नॉर्मल व्यक्ति की बॉडी काम करती किसी जख्म को ऑटोमेटिक ठीक करना इसी प्रकार कोमा वाले व्यक्ति की बॉडी की मांसपेशियां भी काम करती हैं मेरा कहने का मतलब है कि हमारी बॉडी के अंदर कुछ ऐसे जीन रहते हैं जिसका उपयोग ऐसी ही किसी स्थिति में आ जाने पर काम करते हैं

अब हम बात करने वाले हैं उस स्टेज की जिसके दौरान व्यक्ति सिर्फ एक बार दर्द का एहसास कर सकता है इस स्टेज पर वैज्ञानिकों के अलग-अलग मत काम करते हैं हमारी अगली स्टेज है 10% इस स्टेज के दौरान हम पाएंगे कि व्यक्ति को एक झटका लगता है और वह उस झटका को महसूस कर सकता है मगर सिर्फ एक ही बार इस स्टेज के दौरान व्यक्ति आने वाली कड़ियां होती हैं किसी व्यक्ति का सर उसके धड़ से अलग हो जाना एक हाई वोल्टेज का करंट लगना या फिर किसी व्यक्ति के स्तर में गोली लग जाना इत्यादि और भी कारण हो सकते हैं जिसमें व्यक्ति सिर्फ दर्द को एक बार महसूस कर सकता है इस स्टेज के चलते व्यक्ति अपने आप को कंट्रोल करने लायक ही नहीं बचता उस समय हमारा ब्रेन तथा बॉडी एक समय के लिए ही जीवित रहती है या यूं कहें कि हमारी बॉडी तथा ब्रेन एक बार ही काम कर पाता है।

अब हमदर्द की दूसरी पीढ़ी को लेकर बात करने वाले हैं इसके द्वारा व्यक्ति को दर्द दूसरे के द्वारा दिया गया दर्द होता है।

अक्सर हम अपनी नॉर्मल जिंदगी मैं देखते हैं कि कुछ दर्द कोई व्यक्ति अपने आप में समेट लेता है मगर दूसरों के द्वारा दिया गया दर्द संभालना मुश्किल हो जाता है इस दर्द देने वाले व्यक्ति को हम

सामाजिक रूप से कई शब्दों में जानते हैं जैसे दुश्मन,गैर, पराया,अपना इत्यादि

यह जीवन के उन तत्वों को जोड़ता है जिससे हर व्यक्ति हर समाज में परेशान होता है यह प्रक्रिया वर्तमान से नहीं है यह प्रक्रिया कई सैकड़ों सालों से चली आ रही है इसको बदला नहीं जा सकता हम मनुष्य की प्रवृत्ति की या यूं कहें कि पृथ्वी पर रहने वाला हर प्राणी के समाज में ऐसा होता आया है और होता है और शायद आगे भी होता रहेगा।

यहां पर दूसरों से हमारा सेंस अलग-अलग माध्यम से हो सकता है जैसे जो कभी अपना नहीं था

किसी व्यक्ति को कोई अन्य व्यक्ति सिर्फ नॉर्मल 3 तरीके से कष्ट दे सकता है फिजिकल, मेंटली, इमोशनली यही वह माध्यम होते हैं जो इंसान दूसरे इंसान को दर्द दे सकता है मगर यह वही इंसान कर सकता है जो व्यक्ति होशियार शातिर हो या जाला को एक नॉर्मल व्यक्ति अन्य व्यक्ति को किसी एक माध्यम से दर्द दे सकता है या तो वह फिजिकली (शारीरिक) होगा या तो वह मेंटली (मानसिक) होगा या फिर वह इमोशनली (भावनात्मक) होगा व्यक्ति को तीनों तरीका आने के लिए तीनों तरीका ओं का ज्ञान होना बहुत आवश्यक है अगर कोई व्यक्ति किसी एक तरीके से दर्द देगा तो वह उस स्थिति में नहीं आ पाता हो यानी उस याद चालक वाली स्थिति में।

किसके अगर हम गहराई में जा कर बात करें तो हम पाते हैं कि व्यक्ति इन तीनों स्टेपओं से भी बढ़कर भी दर्द दे सकता है मगर इस स्थिति में पहुंचने के लिए व्यक्ति को उसके अपने जीवन का अनुभव तथा सामाजिक जीवन का सही फरक पूरा चाहिए क्योंकि नॉर्मल सभी व्यक्ति को इन तीनों स्टैप्रों को तो जानता है इंस्टैप्रो को जानना और ना जाना इतना महत्वपूर्ण नहीं है जितना मात्र एक परिस्थिति के अनुसार अपने आप का तथा अपने समय का उपयोग करना होता है आना तब व्यक्ति दूसरों को कष्ट देने में क्या पीड़ा देने में अपने आप का सही इस्तेमाल करना ही नहीं जानते हैं दूसरों को पीड़ा या दर्द देने के चक्कर में वह समय के उपयोग को भूल जाता है और अपने अंदर इतना excitement (उत्सुकता) पैदा कर लेता है कि वह अपने सामने

वाली परिस्थिति को समझ ही नहीं पाता और अक्सर वह गलतियां कर देता है जिसका परिणाम वह आने वाले समय में भुगतना पड़ता है एक समझदार व्यक्ति अगर दूसरे व्यक्ति को दर्द देता है (किसी कारण के अनुसार) तो दर्द होने वाले व्यक्ति को ए समझ में नहीं आता कि यह दर्द किसी और ने दिया है या फिर मेरी गलती से हुआ वह कंफ्यूज (स्पष्ट रूप से सोच विचार नहीं) हो जाता है इस बीच हम दर्द देने वाले को दो पार्टी में डिवाइड करके बात करेंगे

1. दर्द देने वाला व्यक्ति नॉर्मल है तो वह किसी अन्य व्यक्ति को दर्द देने में क्या-क्या गलतियां करेगा आइए जानते हैं

A वह व्यक्ति सबसे पहले अपने समय का उपयोग करना नहीं जानता होगा किस प्रकार अपने समय का उपयोग करके सामने वाले व्यक्ति को दर्द दिया जाए।

B वह व्यक्ति अपने गुस्से को क्या एक्साइटमेंट (उत्सुकता) को कंट्रोल करना नहीं जानता होगा जिसके चलते वह समय के पहले या समय के बाद उसे दर्द देने की कोशिश करेगा

C वह व्यक्ति सामने वाले व्यक्ति की सही मूवमेंट हरकत पकड़ना नहीं जानता होगा वह उसकी हरकत को नहीं पहचान पाता कि वह सही मायने में कर क्या रहा है

D वह व्यक्ति जो दर्द देना जानता है मगर उसे यह पता नहीं हो कि हम कितना और किस प्रकार का किस समय दर्द देना चाहिए।

यह सारी गलतियां वह व्यक्ति करता है जो दर्द देने में निपुण नहीं है उसे अपने आप का सही उपयोग करना ही नहीं आता इस कारण किसको दर्द दिया जा रहा है वह व्यक्ति पहले से सचेत हो जाता और सामने वाला व्यक्ति कमजोर पड़ जाता स्पीच और भी गलतियां करता है जो इस चीज में expert (चालाक) नहीं होता

इसके बारे में आगे बात करेंगे अब हम वह अपने दूसरे टॉपिक पर आते हैं अब हम उस व्यक्ति को लेंगे जो इस चीज में expert (होशियार) है एक होशियार व्यक्ति को यह पता रहता है कि हमें अपना उपयोग कब कहां कैसे और किस समय करना है और कितना करना है।

एक expert व्यक्ति को पता रहा है कि सामने वाला कौन सी गलती

करेगा और हम अपना उपयोग करेंगे इस बात पर यकीन करना थोड़ा मुश्किल होगा कि दर्द लेने वाले व्यक्ति को अपने आप में लगता है कि एक गलती हमारी गलती से हुआ है हमारे समाज में कुछ 1% से 3% तक ही ऐसे व्यक्ति पाए जाते हैं जिनको पता रहता है कि कब किस वक्त हमें क्या करना है।

अब हम एक एक्सपर्ट और एक लूजर के दर्द देने के तरीके के बारे में एक उदाहरण के माध्यम समझने की कोशिश करेंगे।

एक लूजर व्यक्ति का उदाहरण लेते यहां पर लूजर से हमारा सेंस है उस व्यक्ति से है जिसे अपने काम में या किसी को दर्द देने में होशियार नहीं या यूं कहें कि वह उपयोगिता के मामले में थोड़ा कम सोचने वाला है उदाहरण :- उस व्यक्ति को यह नहीं पता रहेगा कि हम सामने वाले के किस तरह से और कब अपना उपयोग करें।

किसी व्यक्ति से ही अपने या यूं कहें कि दिखावे के अपने व्यक्ति ने अचानक है उस व्यक्ति से वह बात कर डाली जिसका वह अंदाजा भी नहीं लगा सकता उसने उसे उसके परिवार के किसी सदस्य के बारे में झूठ कह डाला कि आपके उनका एक्सीडेंट हो गया है यह बात सुनकर वह व्यक्ति जल्दबाजी के चक्कर में वह अपने आप को इतनी परेशानी में डाल देगा कि वह भावात्मक दर्द की और बढ़ जाएगा।

अब बात हम एक्सपर्ट व्यक्ति के बारे में बात करेंगे। वह व्यक्ति इस सिचुएशन में वह अपनी समझदारी से काम करके कार्य करेगा यानी वह पहले सोचेगा कि क्या इस समय के लिए महत्वपूर्ण है वह वही करेगा जो उस समय महत्वपूर्ण होगा। हमेशा से पृथ्वी पर रहने वाला हर प्राणी सिर्फ अपने लिए जीता आया है अपना अस्तित्व कायम रखने के लिए वह दूसरों का इस्तेमाल करता है पर व्यवहारिक तौर पर बात करें तो हम पाते हैं कि हर प्राणी दूसरों के लिए जीता आया है। इस बीच कुछ इंसान या यूं कहें कि कुछ व्यक्ति अपनों और परायो में फर्क नहीं कर पाते हैं और अक्सर अपने आप के लिए उस दर्द की शुरुआत कर लेते हैं जो नहीं होना चाहिए था हमारी अगली स्टेज वही है।

अपनों की पीड़ा के द्वारा अपनों के द्वारा दिया गया दर्द इस विषय में एक बात तू साफ हो जाती है कि जीवन में कुछ दर्द ऐसे होते हैं जो

व्यक्ति को सहन करना या सहन ना करने की आदत नहीं होती और लगभग हर व्यक्ति को इस तरह का आभार समय के पहले होता है या वह इसको पहले से जानता है मगर वह उस विश्वास में खोया रहता है जो कभी सुलझ ही नहीं पाया मैं हमेशा से ही अनुसुलझा है हम सब सामाजिक मनुष्य तो इस बात से हम सभी वाकिफ हैं कि परिवार और परिवार से अलग सदस्य में बहुत फर्क होता है हमारे सामाजिक जीवन में हम दुश्मन या परायो (गैरो)हो के द्वारा दिया हुआ दर्द या गैरों से झगड़ सकते हैं उनके द्वारा दिया गया दर्द सहन कर सकते मगर अपनों के द्वारा दिया गया दर्द हम इंसानों को सहन करना बड़ा मुश्किल हो जाता है कई बार तो देखा जाता है कि अपना कोई दर्द दे दे तो व्यक्ति या तो dipretion (डिप्रेशन) में चला जाता है या फिर मैं सुसाइड कर लेता है हमेशा से व्यक्ति वह सेंड करता आया है जिसकी उसे आदत होती है व्यक्ति वह बहुत कम सहन कर सकता है उसके आदत में ना हो पर किसी भी व्यक्ति को लगभग मेरे अनुसार अपनों के द्वारा दर्द सहन करने की आदत नहीं होती या यूं कहें कि व्यक्ति ज्यादातर उसी व्यक्ति को पसंद करता जो उसके जैसा हो लेकिन व्यवहारिक तौर पर उसके जैसी सोच रखने वाला हो।

हमारे जीवन में कुछ दर्द आत्म सम्मान वाले भी होते हैं जैसे किसी व्यक्ति के आत्मसम्मान को ठेस पहुंचती है तो व्यक्ति डिप्रेशन की ओर जाता है ऐसे ही कुछ दर्द और है जो दिखाई नहीं देते मगर उसका परिणाम बहुत बुरा होता है उसे हम तात्कालिक दर्द में नहीं देख सकते वह लोग टाइम (लंबे समय) में दिखते हैं हमारा समाज में सभी व्यक्ति आत्मसम्मान के लिए जीते हैं सारे व्यक्ति एक पढ़ता हुआ सम्मान पाना चाहते हैं और हमारे समाज में अलग अलग व्यवहार अलग अलग सोच के व्यक्ति रहते हैं

इसके द्वारा हम पाते हैं कि इसमें कुछ नेगेटिव थिंकिंग रखने वाले भी होते हैं तो सिर्फ किसी को किसी भी तरह से परेशान या दर्द देना चाहते हैं उनको उसमें अच्छा लगता है हमारे समाज में सकारात्मक सोच वाले व्यक्ति भी रहते क्यों किसी का दर्द दूर करने में कभी पीछे नहीं हटते इस प्रकार देखा है कि समाज के अंदर जो निगेटिव थिंकिंग के लोग रहते

हैं मैं किसी भी व्यक्ति के सम्मान को किसी भी तरह से चोट पहुंचाने की सोचते हैं इस आत्मसम्मान के चलते अक्सर हमारे समाज में एक प्रतियोगिता की भावना पनपती है कुछ मामलों में इसे उचित कहना सही है मगर सभी मामलों में इसे उचित कहा जाए तो यह सही नहीं है।

हमारा अलग पॉइंट है सुख के साथ पीड़ा इस बात पर मैं एक अजीब सा एहसास होता है जैसा कि इस बात से हम सभी वाकिफ हैं कि हमारे जीवन में कुछ ऐसे दर्द होते हैं जिन्हें दर्द कहना सही मायने में सही नहीं है यह कैसा दर्द जो दर्द तो है मगर उसके साथ एक सुख की अनुभूति होती। इस बात को समझने के लिए हम एक उदाहरण के माध्यम से समझने की कोशिश करेंगे।

उदाहरण :- अगर कोई व्यक्ति पैदल है उसे एक कांटा चुभ जाता है उस समय वह व्यक्ति या उस व्यक्ति को दर्द तो होगा मगर उसे कांटे के बाहर निकालते ही उसे जो सुकून मिलेगा उसका एहसास बड़ा सुखमय होगा

ऐसे ही कुछ और दर्द होते हैं जिसमें व्यक्ति को दर्द तो होता मगर उस दर्द को व्यक्ति किस प्रकार महसूस कर रहा है यह भी इंपोर्टेंट होता है।

जैसे :- किसी भी वस्तु का खो जाने का दर्द और वह मिल जाए तो जो उसके बाद व्यक्ति जिस अनुभूति का आभास करेगा होता सुख के साथ दर्द।

अगर किसी व्यक्ति के शरीर के अंदर कोई चीज उपजाति या किसी कारण बस व्यक्ति के शरीर के अंदर किसी बाहरी चीज का जाना जैसे बुलेट कांटा या कील इत्यादि उसके रहते जो पीड़ा व्यक्ति को होती और उसके बाहर निकल जाने के बाद जो सुकून मिलता है वह सुख के साथ दर्द कहते हैं

व्यक्ति के साथ एक साथ दो चीजों का होना कायम है चाहे वह मेंटली को या फिजिकली अगर दो मूवमेंट एक साथ हो रहे हैं तो ऐसा होना नॉर्मल बात है जैसे हमारे दिमाग के अंदर एक साथ दो यूज आना सकारात्मक व नकारात्मक हमारी बॉडी में पीड़ा अशोक एक साथ आना नॉर्मल है जैसे बॉडी में कोई चीज जब जाना अगर बॉडी का कंट्रोल हो जाना एक साथ ऐसी मूमेंट होना सही है अक्सर होता भी है अगर व्यक्ति की बॉडी को

दर्द का एहसास नहीं हो रहा है तो इसमें खतरा हो सकता है व्यक्ति को कितना भी सुकून दो उसे उस सुकून का अहसास ही नहीं हो रहा तो खतरा है हमारे शरीर में सारे पार्ट का अलग अलग से हरकत करना सही है मगर कोई पाठ कंट्रोल में नहीं है तो वह खतरा है कि उस से खतरा हो सकता है। व्यक्ति की बॉडी का बैलेंस बना रहना चाहिए। हमेशा

जैसे :- हमारे सुनने की शक्ति, सुनने की शक्ति, बोलने की शक्ति इन सब में नार्मल दर्द का एहसास हो ना हमेशा सही रहता है

हम रोज की लाइफ में देखते हैं कि हमारा दिमाग और शरीर वर्कआउट करते हैं उस वर्कआउट करने के बाद हमारा शरीर बाद दिमाग थक जाता है और आराम चाहता है अगर यह थके ना यानी इसको थकावट का एहसास ना हो तो हमारे लिए खतरा साबित हो सकता है

7

जीवन का उद्देश्य

आज हम उस बात की शुरुआत करने जा रहे है जो ज्यादातर इंसानो में होता है मगर इस बीच हुक इंसानो को ही नहीं लेते चलेगे कुछ कुछ अन्य प्राणी भी केटेगिरी में आते है। हम इंसानो के जितने भी उद्देश्य होते है। वह सारे इमोशन से जुड़े होते है। प्राणी के जीवन के उद्देश्य उसके इमोशन से जुड़े होते है। आइये जाने की कोशिश करते है कि जीवन के उद्देश्य कैसे बनने सुरु होते है तथा किस प्रकार का उद्देश्य रखना चाहिए एक सामाजिक व्यक्ति को इसमें सामाजिक पक्ष इसलिए जरूरी है क्योंकि उद्देश्य कई तरीका के होते है जिसमे हम पाते है जीवन का जब तक कोई उद्देश्य नहीं होगा जीवन का कोई मतलब नहीं बनता।

हम पाते है जीवन का जब तक कोई उद्देश्य नहीं होगा जीवन का कोई मतलब नहीं बनता।

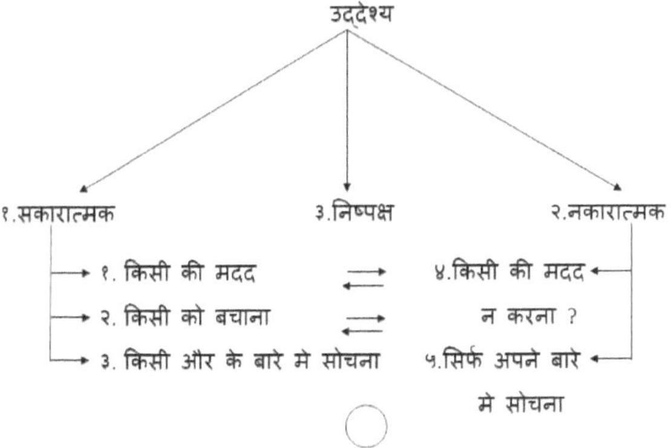

यहाँ पर पहला सवाल उठता है कि कोई व्यक्ति किसी की मदद के बारे में अपने आप को कितना खोज पाता है। क्योंकि हम अक्सर समाज में देखते है कि व्यक्ति जो कोई भी हो सकता है अन्य किसी भी प्राणी को कष्ट में देखते ही वह व्यक्ति अपने आप को रोक ही नहीं पता उस व्यक्ति की मदद किये बिना जो कष्ट में है।सब सवाल उठता है कि कोई व्यक्ति किसी अन्य व्यक्ति या प्राणी की मदद तो करता है। मगर उसका लेबल क्या है प्रकार क्या है। क्योंकि मदद करने के अलग-अलग तरीके होते है तो समय आप को बताते चले मदद के प्रकार।

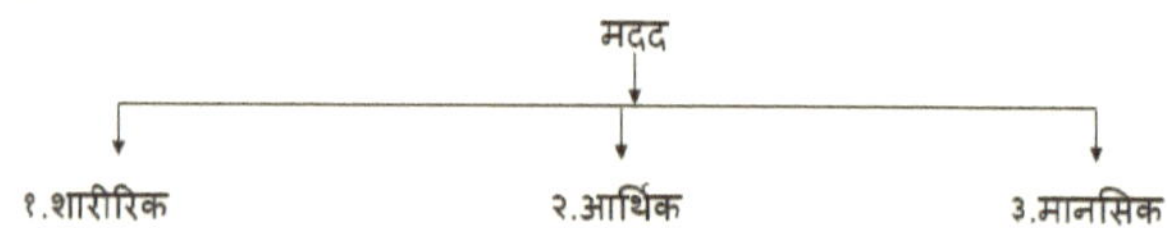

अगर हम व्यक्ति को शारीरिक रूप से मदद करते हैं इसमें कोई अन्य प्राणी भी हो सकता है तो हम पाएंगे कि उसे सामाजिक रुप से अलग-अलग मायनों में देखा जाता हैऔर दूसरा आता है किसी शारीरिक रूप से विकलांग प्राणी की मदद करना इसमें व्यक्ति को ज्यादा इम्पोरेसी देते हैं। अगर आप किसी विकलांग व्यक्ति की मदद करते हैं तो उसके दो आईने होते हैं जिसमें से पहला आएगा होगा कि वह व्यक्ति विकलांग तो है मगर वह जवान है या बूढ़ा अगर आप जवान की मदद करते हैं तो हम पाते हैं कि उस व्यक्ति से हमें ज्यादातर मदद ना लेने का रिस्पांस आता है अगर किसी बूढ़े की मदद करते हैं तो अच्छा लगता है।

अब मदद का या हमारे उद्दे का दूसरा पक्ष जिसमें हम मानसिक रूप से मदद करने की कोशिश को जानने की कोशिश करेंगे। मानसिक रूप से मदद करने का समाज के अंदर ज्यादातर दायित्व नहीं है या दिया जाता मगर है या इसका सही रूप से उपयोग ज्यादातर डॉक्टर करते हैं मानसिक रूप से मदद करने का मतलब है कि व्यक्ति को उसके सकारात्मक इमोशन पर बात करना उसे ऐसा दिखाना या सुनना जिसमें उसे लगे कि हमें अंदर से सुख की अनुभूति हो सही है ज्यादातर मानसिक सुख योग के माध्यम से आता है

अब हम बात करने वाले हैं आप के तीसरे पायदान की जिसमें हम बात करेंगे आर्थिक मदद की यह मदद करने का या जीवन के अन्य उद्देश्यों की अपेक्षा अलग उद्देश्य माना जाता है जो लगभग लालच की ओर भी झुकता है इसलिए इसको समाज में या यूं कहें कि मानवता की दुनिया में

महत्त्व देते हुए भी ज्यादा महत्व नहीं दिया जाता है क्योंकि आप किसी व्यक्ति की आर्थिक रूप से मदद करेंगे तो सामने वाला व्यक्ति उसको अपनी आदत बना लेगा हां कभी कभार मदद करना उचित है मगर इसे हम जीवन के उद्देश्य में ले तो ये पूर्ण रूप से सही नहीं हैA

2 किसी को बचाना

जीवन के उद्देश्य में एक महत्वपूर्ण उद्देश्य माना जाता है मगर इसका उपयोग कहां करना चाहिए यह महत्वपूर्ण है मगर कितना। जैसे कि हम सारे इस वक्त से परिचित हैं हमारे लिए सबसे पहला कर्तव्य मानवता को जिंदा रखना। अगर हमारी जीवन का उद्देश हर किसी को बचाने का है तो इसे हम पूर्ण रूप से सही कहेंगे नहीं क्योंकि हर उद्देश्य का एक तरीका होता है आइए बात करते हैं बचाने की उद्देश्य की इस बीच हम कुछ परिस्थितियां को सामने रखेंगे और जानने की कोशिश करेंगे कि कहां तक सही है और कहां तक नहीं

परिस्थिति -1 अगर आपके सामने एक व्यक्ति है और एक जानवर है और दोनों की जान खतरे में आप उस समय पहले किसकी जान बचाएंगे हमारा रुझान सबसे पहले मनुष्य को बचाने में रहेगा क्योंकि उस पशु या प्राणी से ज्यादा महत्वपूर्ण मनुष्य है।

परिस्थिति -2 अगर आपके सामने एक ऐसा प्राणी खतरे में जिसके कारण कई मनुष्य को बचाया जा सकता है तो आप उस समय किस को बचाएंगे

इस बीच हमारा रुझान सबसे पहले जाएगा उस प्राणी की तरफ जिसकी वजह से अन्य लोगों की जान बचाई जा सकती है।

परिस्थिति- 3 अगर आपके सामने एक और ऐसी परिस्थिति है जिसमें एक व्यक्ति को मानने या उसकी जान ना बचाने से कई सौ लोगों की जान बच सकती है तो आप उस समय उस व्यक्ति को बचाएंगे या नहीं।

इस बीच हमारा रुझान होगा कि हम उस व्यक्ति की जान नहीं बचाएंगे क्योंकि उसकी जान की अपेक्षा कई जाने बचेगी।

3 किसी और के बारे में सोचना

यहां पर हम सकारात्मक पक्ष की बात करने वाले हैं इस बारे में हालांकि हम पहले बात कर चुके हैं मगर इस बीच हम अपने उद्देश्य को लेकर बात करने वाले हैं

अगर एक सकारात्मक पक्ष की बात करें और बात करें अन्य किसी की तो हमारे जीवन का उद्देश्य ज्यादातर इस बात पर निर्भर करता है कि हम और किसी के बारे में क्यों सोचे उसके पीछे एक वजह होनी चाहिए। अब हम उद्देश्य को नकारात्मक पक्ष में बात करने वाले हैं इस बीच हम पाएंगे कि हमारे समाज में कुछ मनुष्य ऐसे भी होते हैं जो अपने उद्देश्य को एक नेगेटिव की तरफ ले जाते हैं।

4 किसी की मदद न करना

इस बीच हम जानने की कोशिश करेंगे कि क्या जीवन का ऐसा कोई उद्देश हो सकता है जिसमें हम किसी की मदद ना करें। तो इसमें हम परिस्थितियों को लेकर बात करने वाले

परिस्थिति -1 एक व्यक्ति दूसरे व्यक्ति की किसी भी रूप में मदद करता है अगर आपके सामने एक व्यक्ति जिसको

आपकी मदद की जरूरत है आप उसकी मदद करेंगे अगर आपके पास मदद करने के संसाधन या साधन है

मेरा मानना है कि मदद करना सही है मगर मदद के पीछे अपने स्वार्थ को लेकर चलना गलत है नहीं इसका नेगेटिव पक्ष है

5 सिर्फ अपने बारे में सोचना

बाबा हम उस वक्त की बात करने वाले हैं जिस पक्ष में किसी भी व्यक्ति को यह फर्क नहीं पड़ता कि किसके साथ क्या हो रहा है इसको अगर हम उद्देश्य की कैटेगरी में रखे तो यह सही नहीं माना जाएगा

3 निष्पक्ष

यह एक ऐसा उद्देश माना जाता है जिसके बीच में प्राणी आते हैं जो अपने आप के अलग कैटेगरी में पाते हैं जैसे न्यायाधीश अपरिचित व्यक्ति इत्यादि।

और मेरा मानना है कि हर व्यक्ति के अंदर निष्पक्षता का भाव रहता है मगर समाज को देखते हुए वह अपने आप को दर्शा ही नहीं पाता है इस बीच वह व्यक्ति आते जो अपनी परिस्थिति के अनुसार अपने आप

को बदल लेते यानी जैसे परिस्थिति होगी वह वैसा ही कार्य करेगा अगर साधारण शब्दों में कहें तो कह सकते हैं कि इंटेलीजेंस व्यक्ति समय का रुख देखकर अपने आप में बदलाव कर लेना। ऐसा नहीं है कि वह अच्छी डिग्रियां हासिल किए हो वही कर सकता। हम अक्सर समाज के अंदर देखते हैं कि एक कम पढ़ा लिखा व्यक्ति का कॉमन सेंस भी अच्छा रहता है वह समाज की मनोवृति को समझता है और उस केटेगरी में पढ़ा लिखा व्यक्ति भी आता है।

अब हम बात करने वाले हैं व्यक्ति की पर्सनल लाइफ के बारे में हालांकि इसमें उस बात को भी करते चलेंगे जिसके बारे में मैंने पीछे बताया हुआ है।

इस बात से हम सब वाकिफ हैं कि बिना किसी उद्देश्य के जीवन हो ही नहीं सकता है क्योंकि हर व्यक्ति के जीवन में कोई ना कोई उद्देश्य होता है हमारे समाज में कुछ AIM(उद्देश्य) खुद बन जाते हैं।और कुछ बनाने पड़ते हैं कुछ उद्देश्य परिस्थितियों को देखकर बदल जाते हैं तथा उन्हें बदलना पड़ता है कई बार देखा गया है कि अगर व्यक्ति अपना लक्ष्य पाना चाहता है और वह उस लक्ष्य के प्रति इतना कठोर हो जाता है कि उसे सिर्फ उसको पूरा करने के अलावा कुछ नहीं दिखता और कहीं ना कहीं वह अपने किसी अन्य व्यक्ति या वस्तु को खो देता है लक्ष्य पाने की चाय अच्छी है मगर अगर उसका पाने के तरीके में परिवर्तन है तो वह सही भी हो सकता है और गलत भी।

जैसे :- कोई चोर अगर चोरी करने जाता है अगर उसे उस स्थान पर चोरी करने जाना है जहां पर बिल्कुल शांति है और उस चोर को यह भी नहीं पता कि उसे चोरी की शुरुआत कहां से करनी है तो वह पकड़ा ही जाएगा।

लक्ष्य पाने का सही तरीका

अब हम अपने लक्ष्य को पाने के सही तरीके के बारे में जानने की कोशिश करेंगे।

अगर हम सही की बात करते हैं तो हम यकीनन सही के दो मायने की बात कर रहे होते हैं पहला होता है वह सही जो किसी के हित के लिए किया या पाया जा रहा है और दूसरा सही है सही होता है जो अपने हित के लिए किया जा रहा हो

यहां पर दूसरों के लिए हित (अच्छा) के लिए किया जा रहा काम या पाया जा रहा लक्ष्य उस व्यक्ति के साथ-साथ दूसरों को भी सुकून प्रदान करेगा और सच्चा भी अगर वह सामाजिक क्षेत्र में किया जा रहा है अगर वह पर्सनल हित में किया जा रहा कार्य हेतु उसके लिए हम सही तो कहेंगे मगर सामाजिक रूप से नहीं परिवारिक रुप से सामाजिक रुप में किया गया कार्य हमेशा शिक्षा और साहस प्रदान करता है

और अपने लिए किया गया कार या पाने का उद्देश्य स्वयं को ही मजबूती प्रदान करता मानसिक और शारीरिक इसमें हम कुछ उदाहरण देखेंगे

उदाहरण-1 :- भारत के महान प्रशासन सुधारक विचारक जिन्होंने संपूर्ण भारत के हित में कार्य किया

1 डॉ ए.पी.जे अब्दुल कलाम

2 सी.डी. देशमुख

3 एम. एस. स्वामीनाथन

4 डॉ बी.आर.अंबेडकर

5 सावित्री बाई फुले

6 राजा राममोहन राय

उदाहरण 2 :- विश्व के महान विश्व के महान विचारक सुधारक प्रशासक

1 नेल्सन मडेला

2 माओ त्से तुंग

3 अब्राहम लिंकन

4 निरवाइल गोर्बाचेव

5 हजरत मोहम्मद साहब

6 डॉक्टर मार्टिन लूथर किंग जूनियर

7 कार्ल मार्क्स

8 मैक्स वेबर

इन्होंने अपने संपूर्ण जीवन काल में सिर्फ सामाजिक हित और मानवता को कुछ ना कुछ दिया है सही मायने में संपूर्ण मानव का हित किया है हमारे जीवन में उद्देश्य लक्ष्य को पाने के साथ-साथ एक प्रकार मनोविज्ञान में सकारात्मक भावना भी होनी चाहिए। हालांकि यह

नकारात्मक भावना के लिए भी जानी जाती है हर लक्ष्य सकारात्मक हुए भी जरूरी नहीं होता कुछ नकारात्मक भी हो सकते हैं लेकिन सकारात्मक पक्ष के लिए:

उदाहरण :- किसी घर के अंदर पांच सदस्य रहते हैं (और अधिक सदस्य भी हो सकते हैं) उसमें से एक सदस्य ऐसा है जो अपने परिवार को चलाता है क्या उसी के करने से परिवार चलता है और वह भी लूटपाट चोरी इत्यादि समाज में गलत कहे जाने वाले कार्यकर्ता हो तो बिल्कुल हम उसे गलत कहेंगे जी बिल्कुल कहेंगे मगर क्या हम उसे परिवारिक या किसी का भूखा पेट भरने के लिए गलत कहेंगे नहीं इसको गलत कहना सही नहीं होगा।

जैसे की हम पहले ही जान चुके हैं वह कि अगर किसी एक मनुष्य के जान देने से सो मनुष्य या कई लोगों की जान बच रही हो तो उसका ध्यान देना उचित है हमारे मानवता का धर्म कहते हैं।

अगर कोई डॉक्टर किसी मरीज की जान बचाने के लिए किसी और व्यक्ति का खून (Blood)डोनेट करता है तो क्या हम कह सकते हैं कि डॉक्टर द्वारा किया गया कृत्य (किसी का खून निकालना है खून देना)गलत कृत्य मैं रखा जाएगा इसका जवाब होगा नहीं।

कई बार ऐसा दुनिया में किसी भी समाज में देखा गया है कि किसी की जान बचाने के लिए कई प्राणियों ने अपनी जान जोखिम में डाली है और कई बार जान दे चुके हैं।

हमारे जीवन का सबसे पहला उद्देश्य होना चाहिए मानवता को बनाए रखना।

अब हम बात करने वाले हैं उस पक्ष की जो गलत तरीके से किया जाता है और जिसका उद्देश्य गलत होता है।

हम अक्सर समाज में देखते हैं कि कमजोर और निर्धन व्यक्ति को सताया या तंग किया जाता है चाहे वह मानसिक रूप से हो या वह शारीरिक रूप से या आर्थिक रूप से। इस की श्रेणी में वह व्यक्ति आते हैं जो अपने आप (यहाँ पर अपने आप का मतलब होगा जो व्यक्ति शारीरिक रूप से आर्थिक रूप से सही होगा) गलत उपयोग करते हैं इसको हम उदाहरण में समझने का प्रयास करेंगे।

उदा :- अगर किसी समाज में (इस बीच हम मोहल्ला पड़ोस को रख सकते हैं) कोई धनवान और समाज को समझने वाला जिसे समाज होशियार के पक्ष में रखती है उस व्यक्ति को हम अक्सर देखते हैं कि वह अपने पैसों का दिमाग का गलत उपयोग करता है

उसी समाज में गरीब व्यक्ति भी रहता है जो आर्थिक रूप से और मानसिक रूप से कम समझदार है अगर उस व्यक्ति के घर में या उसके परिवार में कोई समस्या आ जाती है तो सबसे पहले ही धनवान व्यक्ति आता है (यहां पर धनवान का मतलब हम समझेंगे उस सोसाइटी मैं जहां पर मजदूर वर्ग रहता हो और उन सब मजदूर वर्ग के बीच एक गवर्नमेंट एम्पलाई (सरकारी नौकरी) का होना) अगर हम इसे और सरल शब्दों में समझें तो हम इसे कहते अतरवैक्तिक दोनों पक्षों का समझने वाला व्यक्ति

इसके बारे में और गहराई से जानने के लिए हावर्ड गाईनर(Theory of multiple intelligences) की का अध्ययन करें

ऐसा व्यक्ति अगर सकारात्मक प पक्ष Thinking रखने वाला हो और अपने फायदे की ना सोचता हो तब उस व्यक्ति को हमारी समाज में सकारात्मक पक्ष से यह सकारात्मक नजरिए से देखती है और अगर ऐसा व्यक्ति नकारात्मक पक्ष का हुआ तो हमारी समाज उसे इज्जत तो देती है मगर वह भी अपने दिमाग के अंदर एन सोचती रहती है कि यह व्यक्ति हमेशा आपके फायदे की सोच रहा होगा इसकी हमें मदद करनी चाहिए या नहीं। उस व्यक्ति को समाज एक अलग नजर से देखता है।

हमारे समाज में हर किसी को अपने जीवन के उद्देश्य के बारे में जानकारी नहीं रहती कई बार व्यक्ति अपनी परिस्थिति देखकर उद्देश्यों (AIM) या को बदल देता है या नहीं हम कुछ कह सकते हैं कि हम मानव अपनी परिस्थिति के अनुसार अपने जीवन का (AIM) सिलेक्ट करते हैं हमारे जीवन की परिस्थिति हमारा उद्देश्य निर्धारित करती हैं इस बात को अगर हम क्या पूर्णता सत्य कह सकते हैं अगर जवाब है हां तो कैसा अगर जवाब है ना तो भी कैसे तो आइए यह जानने की कोशिश करते हैं कि क्या हमारे जीवन का उद्देश्य हमारी परिस्थिति निर्धारित करती है उससे हम कुछ उदाहरण और कुछ केस स्टडी करके

समझने का प्रयास करते हैं। इस स्टडी के दौरान हम हर पक्ष को देखकर उसकी परिस्थितियों के अनुसार सही और गलत अपना लक्ष्य बनाने की कोशिश को समझेंगे और लक्ष्य कैसे बदला जा सकता है तथा लक्ष्य (उद्देश्य) को कैसे बदल सकते हैं यह जानने की कोशिश करेंगे। हम एक छोटे पक्ष से शुरू करते हैं।

केस 1 :- अगर किसी व्यक्ति को खाना की बहुत आवश्यकता है (यानी भूख लगती है) तो सबसे पहले वह क्या करना पसंद करेगा इसमें जाहिर सी बात है कि वह सबसे पहले खाना खाना पसंद करेगा

अब उस बीच हम कुछ परिस्थितियां रख कर देखते हैं फिर देखते हैं हमारा उद्देश्य और हमारा दिमाग इस बात को किस तरह अपने उद्देश्य से अलग करता है।

कंडीशन 1 :- अगर कोई व्यक्ति खाना भोजन खाने वाला ही था और उसके सामने अचानक कोई व्यक्ति या अन्य प्राणी एक ऐसी स्थिति में सामने आ आ जाता कि उसे या उसके जीवन को खतरा है और उसे सिर्फ आप बचा सकते हो और आपके पास एक नियत समय है ना उससे ज्यादा ना उससे कम।

कंडीशन-2 :- अगर कोई व्यक्ति खाना खाने की शुरू ही करने वाला था कि उसके पास कॉल आता है (Call) और उसे इस चीज की जानकारी(सूचना) देता है कि आपके किसी रिश्तेदार या फिर किसी दोस्त की तबीयत(हालत) अचानक से खराब (बीमार हो गई है और आपको अचानक आना पड़ेगा या जल्दी आना पड़ेगा।

अब हम कंडीशन प्रथम को देखते हैं कि सबसे पहले हमारा दिमाग किस पत्थर को कुर्ता है उस बीच भी सकारात्मक(Positive) न की नेगेटिव(negative) मगर पक्ष दोनों जानने की कोशिश करेंगे

इस बीच या इस कंडीशन में हम सब का दिमाग का सकारात्मक पक्ष लगभग समान काम करता है और 95 प्रतिशत व्यक्ति एक जैसी सोच रखते हैं ज्यादातर जमा द्वारा उसे बचाने की ओर सोचेगा और हम सारा काम छोड़ कर उसे सबसे पहले बचाएंगे।

अब हम अपने कंडीशन-2 और बात और देखते हैं कि इस बीच हमारा दिमाग किस प्रकार काम करता है अक्सर हमारा दिमाग जो वस्तु या

जीत सामने होता है यहां होती है उसे सबसे पहले देखता है और उसके बारे में सोचता है अगर हमारे दिमाग को और समय मिलता है सोचने का तो वह उस समय के बीच में कुछ और काम कर सकता है और कुछ सोच सकता है।इसी प्रकार कंडीशन -2 में हमारे दिमाग को सोचने का समय मिल रहा है और उस व्यक्ति तक जाने के लिए भी समय मिल रहा है इस बीच वो जाते-जाते या चलते चलते कुछ और काम भी कर सकता है। अक्सर हमारे जीवन के सामने कभी-कभार ऐसी अचानक वाली परिस्थितियां आ जाती हैं जिसमें हमें सोचने का समय कम मिलता है और हम अपने निर्णय का एक झटके में ले डालते हैं और वो सही भी साबित होता है

अब हम किस दूसरे की तरफ बढ़ते हैं और जानने की कोशिश करेंगे कि किस प्रकार हमारा दिमाग अपना और परायो के साथ अलग-अलग व्यवहार करेगा। और हम परिस्थिति के दौरान सबसे पहले किसके बारे में सोचेगा और कितना सोचेगा उसके स्तर के बारे में भी जानने की कोशिश करेंगे।

केस २-

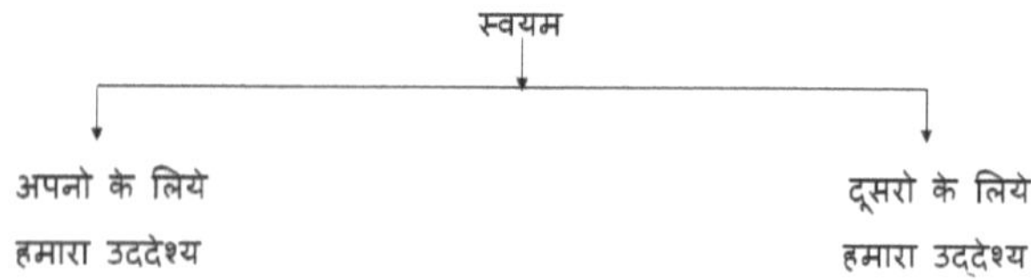

इन दोनों में हमारी उम्र के स्तर के अनुसार परिवर्तन होता है। यानी जैसे-जैसे हमारी उम्र बढ़ती है उसी प्रकार हमारा दिमाग अलग होता चला जाता है हमारे दिमाग की सहायता से कोई फर्क नहीं पड़ता आंतरिक स्तर पर बात करने वाले हैं।

हम इसकी शुरुआत 5 वर्ष के बच्चे के साथ से शुरू करेंगे क्योंकि इस उम्र में हमारी समझ सही रूप से शुरू होना शुरू करती है और बढ़ती उम्र के साथ देखेंगे कि किस प्रकार सामाजिक रूप से और आंतरिक रूप में परिवर्तन होती है

5 से 10 वर्ष की उम्र में :- इस उम्र के बीच में अगर किसी बच्चे के उद्देश्य की बात करें तो हम पाएंगे कि उसे अपने उद्देश्यों को बनाना सीखना चाहिए

1 किसी बच्चे के सामने एक-

इस उम्र के बच्चे को सबसे ज्यादा ध्यान न 3 और न 4 का रहता है और कुछ हद तक न 7 साथ का भी अगर और भी है जिसे वह सीखना चाहिए यह सिर्फ पकाया जा सकता है उसे कोई चित्र दिखा कर या कोई फिल्म दिखा कर या किसी भी कार्य को उसके सामने किया जाए या किसी का दिखाया क्या किसी घटना को तो उसके अंदर के इमोशन जो सकारात्मक भी देते हैं और नकारात्मक भी। को और अधिक जानते हैं आगे

अब हम बात करने वाले हैं और देश के सीखने की अगली स्टेज की

जिसमें हम बात करेंगे 15 से 25 की आयु वाले युवा कि। इसके कुछ केस देखेंगे और उसके निर्णय लेने की क्षमता और कैसे निर्धारित करता/ करती अपने लक्ष्य को।

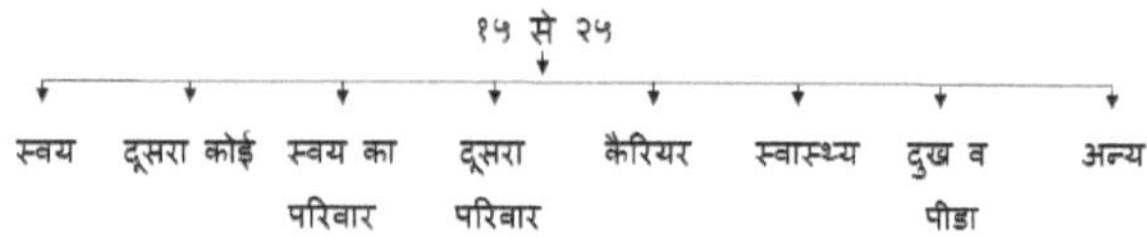

इस उम्र के दौरान हमारे दायित्व बढ़ जाते हैं और हमारा लक्ष्य बनने या बनाने की प्रक्रिया यहीं से शुरू होती है उस के बीच अगर गलत निर्णय या गलत टारगेट की तरफ मुड़ गए तो संभालने में उतना ही समय लगता है जितना इसको बनाने में लगा है क्योंकि इस उम्र में हमारे सामने दो पक्ष रहते हैं सीखने के लिए और यह जीवन भर सामने आते हैं एक ही हमारा समाज और दूसरा हमारी किताबें। हम अपनी समाज में सही और गलत दोनों होते हुए देखते हैं और सुनते हैं अगर हमारे सामने हमेशा ही गलत होता रहे तो हम गलत की ओर मुड़ जाते हैं और उस से ही हम अपने जीवन का एक हिस्सा मान लेते हैं और वही करते हैं जो हमने देखा है और सुना है अगर हमें कोई उसके व्यौन जा कर बताएं तो हम उस पर पूरी तरह से एकदम यकीन नहीं कर पाते हैं क्योंकि हमारे अंदर के केमिकल उसी रूप में कुछ हद तक परिवर्तित हो जाते हैं हमें अक्सर वही काम करने में अच्छा लगता है जिसमें हमें मजा आता है और हम धीरे-धीरे एक ऐसा मार्ग चुन लेते हैं जो नुकसानदायक साबित होता है इसी बीच हमारे मार्ग को बदलने का काम करती है हमारी किताब है ही हम को सही मार्ग की तरफ ले जाने का कार्य करती है अगर इन किताबों को पढ़कर सही सोचा जाए इसीलिए स्कूल का सहारा लिया जाता है क्योंकि इस उम्र में कौन सी किताब और किस तरह की किताब हमारा दिमाग समझ पाता है यह बताने की कोशिश की जाती है एक समाज में एक ही समय में 10 बच्चे जन्म लेते हैं मगर उन 10 बच्चों में से कुछ गलत राय

की तरफ मुड़ जाते हैं और कुछ सही राय की तरफ मुड़ जाते हैं और इस राय की तरफ मोड़ना डिपेंड करता है उसकी सोसाइटी के ऊपर क्योंकि हमारा समाज अच्छी तरह से वाकिफ होता है कि हमें किस बच्चे को कैसा बनाना है और किसको कैसा। हर समाज एक दूसरे का उपयोग करती है

8

जीवन के अनुभव का उपयोग

आज हम ऐसे टॉपिक के बारे में चर्चा करने जा रहे हैं जो हमारे जीवन में सबसे ज्यादा महत्वपूर्ण लगता है मेरा मानना है हम इंसानों में ही नहीं बल्कि पृथ्वी पर रहने वाले हर प्राणी के जीवन का महत्वपूर्ण हिस्सा है लेकिन हम इस समय इंसानों पर ही चर्चा करेंगे लेकिन इस बीच हम जीवन में कुछ सिखाने वाली जीवो को साथ में लेते चलेंगे यानी उनके जीवन के बारे में भी चर्चा करते चलेंगे।

इस टॉपिक के दौरान हम उन बातों में चर्चा करने वाले जिन्हें हम अपनी निजी जीवन में उपयोग करते हैं हम इसका उपयोग सकारात्मक और नकारात्मक पक्ष में भी जानने की कोशिश करेंगे।

एक पूरा टॉपिक इस महत्वपूर्ण का को दर्शाए गा जिसका उपयोग हम अपनी जिंदगी में करते हैं इस टॉपिक के द्वारा हम उन अनुभवों को भी देख कर चलेंगे जिनके द्वारा हमारा जीवन हमें सरल लगने लगता है कि हां कुछ अनुभव हमारे जीवन में ऐसे होते हैं जिनके कारण हमें हमारा जीवन सरल और सुलझा हुआ लगने लगता है।

इस टॉपिक के महत्वपूर्ण था इसलिए और बढ़ जाती है क्योंकि इसके बिना हमारा जीवन बहुत उलझा हुआ लगता है और अपने जीवन में किसी भी परिस्थिति और अपने आप से होने के चांस कट जाते हैं

जिसके चलते हम शेष रहते हैं अक्सर हम अपना अनुभव प्राप्त करते हैं अपनी सामाजिक जिंदगी से जहां से हमें अपनी जिंदगी जीने के दौरान सहजता मिलती है हर प्राणी अपने हर पल में एक अनुभव प्राप्त करता है मगर मानव प्रजाति भी एक ऐसी प्रजाति है जो एक अनुभव सीखने के दौरान तीन अनुभव भी अपने दिमाग मैं डालता है जो कि सकारात्मक रूप से होता है इसका परिणाम हर प्राणी को खुशी प्रदान करता है एक नकारात्मक परिणाम जो प्राणी के अंदर निराशा डालता है लेकिन कुछ सिखा कर जाता है लेकिन मनुष्य के अंदर इन दोनों बातों के अलावा भी एक बात और आती है जो कि इसके बीच का हिस्सा होता है अनिश्चित काल का अनुभव मगर इस अनुभव का उपयोग मनुष्य प्रजाति नहीं करती ए कर सकती इसके लिए लंबी जिंदगी की आवश्यकता पड़ती है हमारे अनुभव की शुरुआत बचपन से ही हो जाती जब बच्चा मां का दूध पीना शुरू करता है वहीं से एक मनुष्य का अनुभव शुरू हो जाता।

एक बच्चे को भी एक तरीका से पता हो जाता है कि हमारी मां किस तरह से दूध पिलाती है पृथ्वी पर रहने वाले सभी प्रजातियां के पास अनुभव होता है चाहे वह कोई जानवर हो या फिर कोई कीड़ा हम मनुष्य उस अनुभव का उपयोग सकारात्मक तरह से नकारात्मक तरह से करते मगर अन्य प्राणी अपने अनुभव का उपयोग सिर्फ अपनी रक्षा के तथा अपने खानापूर्ति करने के लिए इस अनुभव के बारे में हम दोनों पक्षों पर चर्चा करेंगे और हम अपनी सामाजिक जीवन में इसका किस तरह से और किस समय और कितना उपयोग करते हैं इसके बारे में बात करते चलेंगे और इस बीच हम पाएंगे कि हम व्यक्ति के जीवन में अनुभव का साथ होना कितना आवश्यक है तो इसमें हम सबसे पहले अपने सामाजिक जीवन को जानने का प्रयास करेंगे।

सामाजिक जीवन :- जैसे कि इस बात से सभी परिचित है कि व्यक्ति की सामाजिक जीवन उसके पैदा होते ही लगभग 2 या 3 साल के बाद शुरू हो जाती है मगर इस उम्र में उसका सामाजिक जीवन शुरू हो जाता मगर वह समाज को तथा दुनिया को समझ नहीं पाता इसकी समझ का पहला परीक्षण उसकी मां या पिता करते या फिर जो उसके नजदीक होता है हर बच्चा सबसे पहली गलती करता अपने मां के दूध पीने की चोरी जो

लगभग के मायने में कोई बड़ी बात नहीं है वह जब दूसरी गलती करता अपने से बड़ों की बात ना मानकर अपनी मर्जी से चलता इसकी दूसरी गलती पर उसके परिजन उसे समझाना शुरू कर देते हैं नहीं बहस स्टेज की शुरुआत हो जाती है जब बच्चे को उसकी गलती पर उसे डांटना यहीं से उसकी अनुभव की शुरुआत हो जाती है।

हमारे जीवन में हम जीवन भर किसी ना किसी अलग अलग तरह से अनुभव प्राप्त करते रहते हैं तथा नई नई बातों पर काम का अनुभव प्राप्त करते रहते हैं जब तक बच्चा किसी भी वस्तु को उठाता है क्या टूटी हुई वस्तु को जोड़ता है तो उस समय वह अपने आप में इतना मगन हो जाता है कि उसे उसके सिवा कुछ और दिखता ही नहीं है उस समय उसे सही करने के क्रम में जो वह सोचेगा जितनावह करेगा उस समय का अनुभव और लगन से व्यक्ति का सही रूप बनना शुरू होता है वहीं से व्यक्ति के जीवन का संघर्ष शुरू हो जाता है बच्चे के तात्कालिक प्रणाम मैं वह अपने आप को पृथ्वी के केंद्र में मानता है यानी पृथ्वी को वही चला रहा है उसको ऐसा लगता है। हमारी समाज के अंदर अनुभव का उपयोग अलग अलग व्यक्ति अलग अलग ढंग से करता है समाज के अंदर सबसे महत्वपूर्ण बात होती है कि व्यक्ति अपने अनुभव का उपयोग किस तरह से कर रहा है कई बार हम देखते हैं कि कुछ नेगेटिव सोच रखने वाला व्यक्ति अपने अनुभव का गलत उपयोग करते जिसके चलते वह कई अन्य लोगों का भी नुकसान करते हैं।

हमारी उम्र जिस प्रकार बढ़ती चली जाती है हमें अनुभव भी प्राप्त होता चला जाता है हमारे अनुभव प्राप्त करने की गति डिपेंड करती है समय पर बढ़ती उम्र के साथ साथ हमारा समय भी कम होता चला जा रहा है मगर हमारी उम्र और अनुभव का और समय का इनका जो कनेक्शन है वह जुड़ा हुआ है जब हमारा जन्म होता है वहीं से हमारा संयम शुरू होता है और उसी समय से हमारा अनुभव शुरू होता है हमारी उम्र का समय निकलता जाता है मगर वह हर समय एक नई सीख देकर जाता है उसी को व्यक्ति किस प्रकार ग्रहण कर रहा है यह डिपेंड करता है व्यक्ति पर हम अपने जीवन के चलते जो देखते हैं जो सुनते हैं और जो करते हैं वह हर समय हमें कुछ नया देकर जा रहा है अनुभव को हम हर प्रकार

के कार्य में ग्रहण करते हैं चाहे वह हमारी शिक्षा वह मजदूरी हो चोरी हो या फिर हमारा खाना खाना हो इत्यादि अगर हम समय पर अनुभव के साथ जोड़कर बात करें तो हम पाएंगे कि इन दोनों का एक बहुत मजबूत रिश्ता है जो प्राणी के साथ रहता है इस बात से हम सभी वाकिफ है की जिसका जन्म हुआ है उसका मनाते है जो आया है उसे जाना है समय किसी भी कार्य को हम देंगे तो वह हम वापसी में एक अनुभव पर एक सीख देगा। हमारे जीवन में सबसे महत्वपूर्ण है तो वह हमारा दुनिया का कोई भी कार्य हो वह नहीं हो रहा है इसका मुख्य कारण है कि आप उसमें संपूर्ण तरह से समय नहीं दे रहे हो इस बीच आपका पुराना अनुभव और नए तरीके भी काम आते हैं।

सामाजिक रुप में अगर हम अनुभव को लेकर चलते हैं इस पर बात करते हैं तो हम पाएंगे कि सही मायने में हमें समाज का अनुभव पूरा जीवन पर्यतन कार्य करते हो जाता है फिर भी सामाजिक तौर पर हमें पूरा अनुभव नहीं हो पाता कुछ कमियां रह ही जाती है हम अपने जीवन में समाज को समझने में लगभग अपना 70 से 80% जीवन निकाल देते हैं हम सामाजिक तौर पर बात कर रहे हैं तो हम बताते चलें कि सामाजिक तौर मैं हमारा वर्तमान ही नहीं हमारा बीता हुआ समय या हमारी समाज का बीता हुआ समय और हमारा आने वाला कल मौसम आज का आने वाला कल इन तीनों को जोड़कर ही समाज बनता है और इसी को ध्यान में रखते हुए हम सामाजिक रूप से प्राप्त किया हुआ अनुभव की बात करते हैं। हमारा अनुभव का उपयोग हम अपने समाज के लिए शुरू कर देते 15 वर्ष के बाद एवं निकलने के बाद ही हमें रिलाइज होता है कि हमारा समाज में क्या अच्छा है और क्या बुरा है हम अपना अस्तित्व कैसे रख सकते हमें किस प्रकार जीवन के अन्य पड़ाव जीना है और इस बीच सबसे पहले हमारा अनुभव जाता है हमारी शिक्षा पर इस बीच हम पाते हैं की जितनी भी शिक्षा हमने 10 से 12 या 13 वर्ष में ग्रहण कि है भाई शब्द हमारे सामने बार-बार आ रहे हैं जिसके चलते हमारे अंदर के सिस्टम में परिवर्तन होना शुरू हो जाता है उन शब्दों को हम नई-नई तरीका से जोड़ना शुरु कर देते हैं उन किताबों से बाहर निकाल कर उनके शब्दों को हम समाज में ढूंढने लगते हैं हमारे अंदर एक सामाजिक तौर

पर खोजने की एक नई प्रवृति का जन्म होता है जिसके बारे में हम कई बार हम अपने उन शब्दों को समाज में सकारात्मक भी पाते हैं और कई बार हम नकारात्मक भी पाते हैं इस बीच हमारा दिमाग तो ऐसे पहलू पर काम कर रहा होता है जो हमारे दिमाग में कई सवाल पैदा करता है और हमारे मन में कुछ अच्छाइयां और कुछ बुराइयां का जन्म हो जाता है समाज के प्रति क्योंकि इस उम्र में समाज के द्वारा या हमारी शिक्षा के द्वारा दिया गया ज्ञान हम पर अपने आप के रखने लगते हैं हम खुद ही 1 सवालों का घर बन जाते हैं मगर धीरे-धीरे हम उस समय से निकलते चले जाते हैं और अपने उन सवालों का खुद ही जवाब ढूंढ लेते हैं और हम पाते हैं कि सवालों का जवाब तो हम खुद हैं इन सवालों से हमें एक ऐसा अनुभव प्राप्त होता है जो हम अपने आने वाली पीढ़ियों को बताते हैं। मगर हम पाते हैं आने वाली पीढ़ियों में भी वही सवाल पैदा हो रहे हैं इसीलिए उनको कुछ अपने जीवन का वह अनुभव बताने के लिए हम किताब में लिखते हैं कि जो गलती हमारी वर्तमान में हुई थी वह गलती हमारी आने वाली पीढ़ियां ना करें। और अन्य भी मार्ग रहते हैं अपनी आने वाली पीढ़ी को बताने के लिए मगर समाज में शिक्षा का मार्ग पहले स्थान पर रखा गया है। समाज में हम अपने अनुभव का सर्वप्रथम उपयोग करते हैं अपने व्यवहार में जिसमें हम पाते हैं अपनी पसंद और नपसंद हम अपना व्यवहार किस प्रकार रखे कैसा रखें यह डिपेंड करता है हमारे वातावरण पर समाज के अंदर लगभग सभी लोग अपने आप में और कई अन्य व्यक्तियों के सकारात्मक त्योहार बना कर जीना पसंद करते हैं मगर इस बीच हमारे व्यवहार में या फिर समाज में बिहार में कुछ कन्या रह जाती हैं जिसके चलते नकारात्मक भावना का जन्म हो जाता है यह बात एक व्यक्ति के ऊपर डिपेंड करती है कि वह उसे नेगेटिव भावना को कितना नेगेटिव ले रहा है क्योंकि हमारा वातावरण ही हमारी पहचान बता देता है हमारा व्यवहार इसी बात के ऊपर डिपेंड करता है कि हम सामने वाले व्यक्ति के प्रति किस प्रकार सोच रहे हैं तथा क्या सोच रहे हैं यहां पर प्रकार से और क्या से दो अलग अलग मायने है प्रकार का अर्थ है कि सामने वाले व्यक्ति के अनुसार सकारात्मक या नकारात्मक सोच रहे हैं और क्या अर्थ है कि आप उसके अनुसार सोच रहे हैं कि नहीं।

जीवन में अनुभव का सही मायने में उपयोग करते हैं तो दो किस्म के प्राणी जिसमें पहले पर आते हैं एक व्यापारी तथा दूसरे पर आता है एक राजनीतिक (politician) इन दोनों का सही मायने में पता रहता है कि हम जनता के बीच कैसा व्यवहार रखना कब रखना है। और व्यापारी को पता रहता है कि जनता को क्या पसंद है और हमें क्या पसंद करवाना इस व्यापारी तथा राजनैतिक के बारे में हम बात करेंगे मगर आगे।अब बात आती है कि हमें अपने अनुभव का उपयोग किस तरह करना चाहिए। इस बीच हम तरह के व्यक्ति को लेकर चलेंगे तथा हम यह भी जानकारी करते चलते कि इस बीच क्या-क्या गलतियां नहीं करनी चाहिए तथा उपयोगिता को देखते हुए कब इसका इस्तेमाल करना चाहिए।

हम अनुभव को पहले अपने निजी जिंदगी में लेकर तथा सकारात्मक पक्ष की बात लेकर बात करने वाले हैं हम देखते हैं कि अगर हमें किसी भी कार्य को अच्छी तरह से करना आता है जैसे मेकनिजम, टीचिड़, ड्राइविंग या पॉजिटिव एडवाइज देना इत्यादि। अगर इन सब का हम अपने रोजमर्रा कि जिंदगी में इनका उपयोग सही मायने में ना कर (जो की हमें अपना समय देने के बाद प्राप्त हुई है इसको प्राप्त करने में सब का सपोर्ट मिला है) अपनी या इसका सदुपयोग ना कर दुरुपयोग करें और हम इसका किसी और व्यक्ति के साथ इसको गलत तरीके से इस्तेमाल करते हैं तो हम कह सकते हैं कि हमने अपना अनुभव का गलत इस्तेमाल किया है समाज में कुछ ऐसे व्यक्ति भी होते हैं कि वह अपनी जिंदगी में काफी अनुभव प्राप्त करते अलग-अलग चीजों के अनुभव प्राप्त करते मगर वह अपना अनुभव किसी के साथ शेयर नहीं करते मगर उनका किसी का दुरुपयोग जरूर करते हैं। हर व्यक्ति के जीवन का आईना बिल्कुल साफ नहीं हो सकता है हर किसी के जीवन में कुछ गुप्त राज या गुप्त मन होता है। हर व्यक्ति के जीवन में अच्छा और बुरा वक्त आता तब सिर्फ हमारा ज्ञान और अनुभव काम आता है। कई बार व्यक्ति को किसी कार्य के लिए करने या ना करने के लिए इतना एक्साइटमेंट होता है कि वह अपने ज्ञान को समझ नहीं पाता और अपने अनुभव का गलत उपयोग कर देता है हमें हमेशा अपने अनुभव का उपयोग धैर्य पूर्वक करना चाहिए इसको हम पूर्ण रूप से सही नहीं

कह सकते हैं क्योंकि जीवन में कुछ problem ऐसी आती है या एक परिस्थिति भी क्या सकते हैं जिसके चलते हमारा धैर्य काम नहीं आता वहां पर हम जल्दबाजी ही करनी पड़ती है इसको हम एक उदाहरण के माध्यम से समझने की कोशिश करेंगे।

जैसे :- किसी तालाब नदी या कहीं पानी में कोई व्यक्ति डूब रहा है और आप तैरने में अच्छी तरह से निपुण है तो आप उस समय धीरे-धीरे उसे बचाने नहीं जाओगे आपको जल्दबाजी ही करनी पड़ेगी।

अलग-अलग पर इसी के चलते हमें अपने अनुभव का उपयोग करना चाहिए।

हमारे जीवन में कुछ अनुभव ऐसे होते हैं जिन्हें हम सिर्फ अपने आपसे शेयर कर सकते हैं और किसी के साथ नहीं। मेरा मानना है कि उन अनुभवों के बीच आता है हमारा शिक्षा या किसी काम को ग्रहण करना या सीखना।

मनुष्य जितना अनुभव प्राप्त करता जाता है वह उतना ही का सीखने का अनुभव बढ़ता जाता है

इस बात के बारे में हम अगले अध्याय में बात करेंगे

मैं अपने अनुभव का उपयोग कितना करना चाहिए।

अगर अनुभव को हम अपने जीवन में या यूं कहें कि बढ़ते जीवन में उपयोग के साथ-साथ ए भी जान जाए कि हमें किस परिस्थिति में हमें अपने जीवन का अनुभव को कितना इस्तेमाल करना है तो हमारा जीवन जीने में और आसानी बढ़ जाती यानी जीवन में अनुभव का उपयोग कितना करें उसके अनुसार। पृथ्वी पर रहने वाला हर प्राणी के जीवन में अनुभव की प्राप्ति होती है चाहे वह छोटा जीव हो चाहे वह बड़ा जीव हो सब अपने जीवन में अपने वातावरण के अनुसार अपना अनुभव प्राप्त करते हैं

" हर जीव अपने वातावरण के अनुसार

ही अपना अनुभव प्राप्त करता है"

हम इस बीच कुछ अलग अलग बात आवरण के अलग अलग जीवो को लेकर उनके अलग अलग अनुभव के बारे में बात करेंगे और जानने की कोशिश करेंगे कि वह अपने अनुभव को अपने वातावरण में इस्तेमाल

कर सकता है कि अपने वातावरण से बाहर निकलकर भी कर सकता है अगर कर सकता है तो कितना और कौन सा।

सबसे पहले हम बात करने वाले हैं धरातल स्तर पर रहने वाले जीवो की जिस बीच हम कुछ जीवो को लेते हैं जैसे मनुष्य ,शेर, गाय ,भैंस इत्यादि इन सब के पास चलने का अनुभव है सांस लेने की क्षमता है कार्य करने की क्षमता है मगर इनकी क्षमता में उतार-चढ़ाव हो सकता है अपने जीवन के अनुभव का उपयोग अगर ये थल (धरती) पर करते हैं तो अच्छा कर सकते हैं अगर इन्हें अपने अनुभव का उपयोग उसी गति में जितना वह थल पर कर रहे थे। उतनी ही गति से चल मैं कर सकते हैं क्या वह हवा में कर सकते हैं नहीं यह अपने अनुभव का उपयोग पृथ्वी पर हर कहीं कर सकते हैं मगर उस गति से नहीं जिस गति से अपने अनुभव का उपयोग थल (जमीन) पर कर सकते हैं।

अब हम बात करने वाले हैं जल में रहने वाले जीवो के अनुभव का उपयोग करने के बारे में जल में रहने वाला प्राणी अपने अनुभव के उपयोग की मात्रा का जल में ही 100% इस्तेमाल कर सकता है चाहे वह सांप हो ,मछली हो या मगरमच्छों इत्यादि। जल में रहने वाला प्राणी अपने शिकार करने के अनुभव को सबसे अच्छा इस्तेमाल जल में रहकर कर सकता है अगर उसे जमीन पर लाकर उसके अनुभव का उपयोग या परीक्षण किया जाए तो हमें हमेशा ही कम अनुभव की प्राप्ति होगी हर प्राणी अपने अनुभव का उपयोग ज्यादातर अपने ही वातावरण में सही मायने में कर पाता है।

अब हम बात करने वाले हैं आकाश में उड़ने वाले जीवो की जिसमें अधिकतर पक्षी प्रजाति आती हैं इस बीच हम जानने की कोशिश करेंगे कि वह अपने अनुभव का इस्तेमाल जमीन पर कितना करते हैं और आसमान में कितना करते हैं अक्सर हम अपने रोज की जिंदगी में देखते हैं कि ज्यादातर पक्षी अपनी उड़ान भरने के लिए एक स्थान से दूसरे स्थान तक जाने के लिए करते हैं बहुत कम पक्षी है जो उड़ान के दौरान ही शिकार करते हैं ज्यादातर पक्षी जमीन पर आकर ही अपना खाना खोजते हैं और शिकार करते हैं कुछ ऐसे पक्षी जो उड़ते वक्त शिकार करते हैं जैसे फाल्कन ,गिद्ध, उकाब इत्यादि। ऐसे ही पक्षी ज्यादातर उड़ते

वक्त शिकार करना पसंद करते हैं और इनका अनुभव सरकार का सबसे अच्छा माना जाता है।

हवा में रहने वाला कोई भी जीव अपने अनुभव का उपयोग जमीन पर 70% तक कर सकता है।

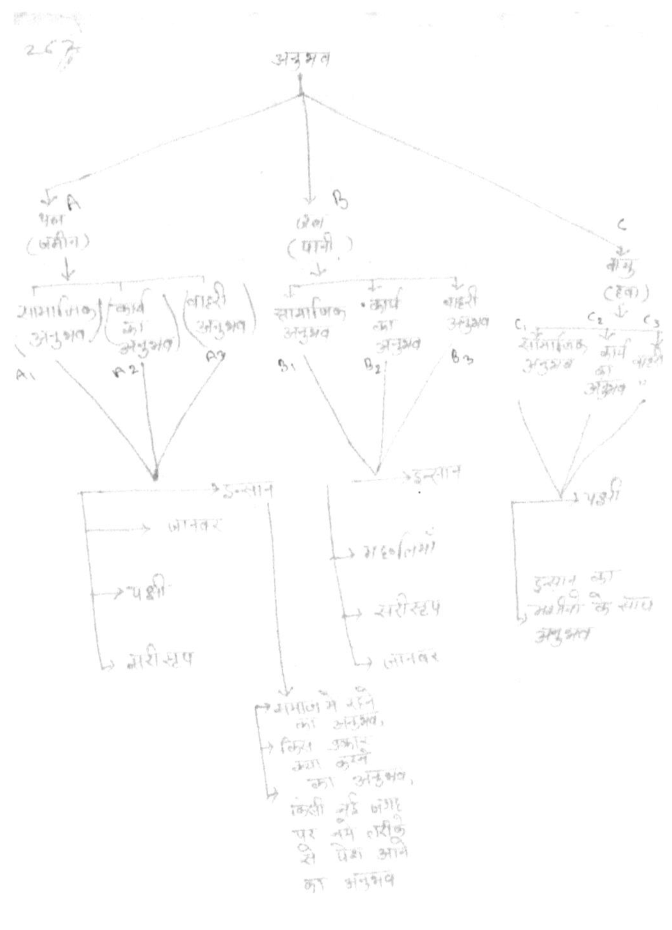

A. सामाजिक अनुभव

इस अनुभव के बारे में हम आगे चल कर बात करेंगे इसके बारे में अभी बहुत कुछ बाकी है।

अब हम बात करने वाले हैं उस अनुभव के बारे में जो होता है मगर हम कभी उसका इस्तेमाल नहीं करते खासकर उस समय तो नहीं जब हम किसी दर्द से गुजर रहे होते हैं या खुशी में चल रहे होते हैं इसको हम अनुभव की कैटेगरी में इसलिए रखने जा रहे हैं कि व्यक्ति इसका इस्तेमाल करता है और ऐसे ज्यादातर फिल्मी दुनिया में पॉलीटिशियन में या फिर ड्रामा के लिए किया जाता है। इस अनुभव के पक्ष में अगर बात करें तो हम पाएंगे कि जन्म लेते ही तथा मरने तक यह साथ में चलता है इसे कोई भी व्यक्ति रोक नहीं सकता इस अनुभव को हम नाम देते हैं रोने का अनुभव अक्सर हमारे साथ होता है मगर इसका हम अपनी मर्जी से कभी इस्तेमाल नहीं करते यह एक ऐसा अनुभव है जो न ही हम इस्तेमाल करते हैं एक नॉर्मल लाइफ में तो कभी नहीं। ये हमारे साथ होता है मगर यह मरने के बाद हमारे साथ नहीं रहता और सारा जीवन साथ रहता है। मगर कई बार ऐसा देखा जाता है कि इसका इस्तेमाल व्यक्ति कई गलत तरीके से करता है जैसे किसी व्यक्ति के इमोशन (भावना) के

कई बार हम अपने समाज में यह देखते हैं कि कुछ एक व्यक्ति के पास ऐसा गुण पाया जाता है जो उसे बखूबी करना जानता है। हम अक्सर देखते हैं कि किसी के सामने अगर इसका इस्तेमाल किया जाए तो सामने वाला व्यक्ति उसे माफ करने या उसके ऊपर विश्वास करने के अलावा कुछ और रास्ता नहीं बचता। क्यों है एक ऐसा इमोशन (भावना) है जिस पर दुनिया के किसी भी समाज में सिर्फ सच्चाई की भावना का भाव आता है मगर अगर इसका इस्तेमाल अगर बार-बार किया जाता है तो सामने वाला व्यक्ति भी उस पर विश्वास करना बंद कर देता है हमारा समाज इस बात से अच्छी तरह वाकिफ रहता है कि अगर किसी के आंसू निकल रहे हैं तो वह जरूर तकलीफ में होगा लेकिन कई बार इसका उल्टा देखने को मिलता है कुछ व्यक्ति अपना काम बनाने या यूं

कहें कि अपना काम निकालने के लिए इसका इस्तेमाल किया करते हैं इस बीच इमोशन (भावना) के अलग-अलग पक्ष हो सकते हैं इन पक्षों का इस्तेमाल किया जा सकता है और अचानक या ना चाहे कर भी हो सकता है तथा इमोशन की पहचान होना या करना आवश्यक होता है कई बार हमारी उस यारी के चलते कई बार हम पहचान में धोखा खा जाते हैं और किसी के सही भावना को पहचान नहीं पाते हैं तथा हम स्वयं अपने आप में भी देखते हैं कि हम अंदर से बेचैन होने लगते हैं और हमारा किसी कार्य में मन नहीं लगता उस वक्त के दौरान हमारा दिमाग एक समय में अनेक सोच रखता है जो उस समय के लिए हमारे लिए उसकी जरूरत नहीं होती उस समय यकीन में हम अपने आप को पहचानने में असमर्थ होते हैं और अपने मन को अपने अंदर ढूंढते हैं अगर हमारे साथ बार-बार ऐसा होता है तो हम इसका शिकार हो जाते हैं इमोशन के कई रूप होते हैं तथा इसे पहचानने के भी तरीका माने जाते हैं हमारे समाज में डॉक्टर, इंजीनियर, जोकर, अभिनेता, नेता इत्यादि वर्ग भी रहते हैं हर एक व्यक्ति की समाज को अलग समय पर अलग अलग आवश्यकता पड़ती है और अलग काम भी मजदूर का अलग कार है मिस्त्री का अलग कार है और हर किसी की भावना एक जैसी कभी नहीं हो सकती क्या कोई डॉक्टर अपने किसी खास का या स्वयं का ऑपरेशन कर सकता है नहीं क्या कोई इंजीनियर अपने घर को जैसा या जिस प्रकार डेकोरेट करता है क्या वह किसी और का कर सकता है या करता है क्या हम जो करके इमोशन का पकड़ कर सकते हैं क्या कोई अभिनेता जो अभिनव वह फिल्मों में करता है क्या वह वही माहौल अपने घर में होता देख सकते या बना सकते हैं नहीं क्या कोई नेता जो भाषण या जिस इमोशन के साथ देता है क्या वह वही इमोशन के साथ अपनी निजी जिंदगी में रहता है नहीं हर व्यक्ति अपने स्थान पर सही है मगर जब तक वह किसी बेगुनाह या किसी कार जो समाज के द्वारा बनाया गया वह नियम जो सही मायने में और जो मानवता के विरुद्ध ना हो। हमारा अलग-अलग कार्यों में अलग अलग अनुभव रहता है और उस अनुभव में निपुणता लाने के लिए हमें समय की जरूरत पड़ती है

Ex :-. कोई व्यक्ति अगर (गाड़ी स्कूटर मोटरसाइकिल या कार) चलाना

नहीं जानता और उसे चलाने को बोला जाए तो उसका जवाब होगा मैं ऐसे नहीं चला सकता।

मगर कुछ समय उसे उसका परीक्षण दिया जाए और फिर उसने बोला जाए कि अब इसको चलाओ तो क्या वह मना कर पाएगा नहीं इसी प्रकार उसको उस वस्तु या बहन का जब गहरा अनुभव हो जाएगा तो वह उसे उस स्थान से भी निकालने की क्षमता प्रकट कर लेगा जहां से निकालने के लिए वह घबराता था या डरता था कहते हैं कि समय के चलते अनुभव हमारे जीवन का अहम हिस्सा बन जाता है यह सही है बिना अनुभव प्राप्त किए बिना हम अपना एक पैर भी आगे नहीं रख पाते इसी प्रकार समाज में रहने के लिए हमें एक अनुभव की जरूरत पड़ती है वह अनुभव अलग अलग मायने में अलग अलग होता है हम जहां रहते हैं वहां रहने का अनुभव या और कहीं पलायन कर जाते हैं तो वहां रहने का अलग अनुभव एक होटल में खाने का अनुभव अपनों से बात करने का अनुभव या नए व्यक्ति से मिलने काअनुभव इसमें से कुछ अनुभव लंबी समय अवधि मैं आते हैं और कुछ अनुभव कम समय अवधि में जैसे किसी पर्वत पर सफलतापूर्वक चढ़ने के लिए एक लंबा समय का अनुभव होना चाहिए वह पर एक गाड़ी चलाने के लिए एक छोटा सा माया कम समय का अनुभव होना ही काफी रहता है। हमारे समाज मैं अगर किसी के साथ लंबे समय तक अच्छा व्यवहार किया जाए या जो व्यक्ति अच्छा व्यवहार के लिए जाना जाता है उसने वह व्यवहार बनाने में एक लंबा समय खर्च किया है और वही एक बुरा व्यवहार करने वाला व्यक्ति ने कम समय में ही अपने बुरा व्यवहार दिखाया है। मगर हर एक व्यक्ति अपने ही के हुए या बनाया उस व्यक्तित्व को रखने के लिए अपने निरंतर अनुभव का उपयोग करता है। अगर एक अध्यापक किसी विषय को या कोई विद्यार्थी किसी विषय को बार-बार पड़ेगा या पढ़ायेगा तू उसमें उसकी निपुरता बढ़ती चली जाती है। हम अपने समाज में किस प्रकार रहते हैं यह सभी देखते हैं मगर हम अपने अनुभव का कहां और कब और कैसा व्यवहार करते हैं उसे भी लोग नोटिस करते हैं और उसी के अनुसार हम अपना जीवन व्यतीत करते हैं।

अब हम अपने अगली स्टेज की तरफ चलते तो है कार्य का अनुभव

B कार्य का अनुभव

हम अपने जीवन जीने के दौरान अपने कार्य के अनुसार अपनी पहचान बनाते हैं या उसके अनुसार अपने नाम और पहचान से जाने जाते हैं। एक कार का अनुभव नयनतर भी रखा जा सकता है और स्थिर भी इसके अलग अलग मायने होते हैं इस बीच हम काल के अनुभव के साथ अपनी तरक्की को भी जोड़ने की भी कोशिश करेंगे और जानने की कोशिश करेंगे की हमारे अनुभव के साथ अपनी तरक्की किस प्रकार करते हैं उसके कुछ स्तर को भी जानेंगे। हम एक छोटे स्तर से बात शुरू करेंगे। इस बीच हम एक डायग्राम के माध्यम से समझने की कोशिश करेंगे।

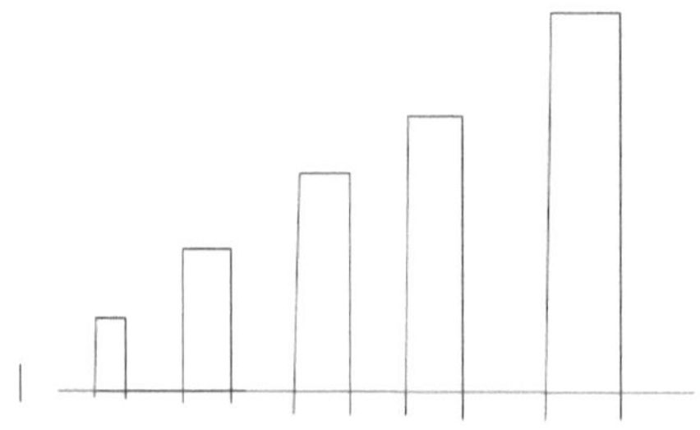

इस डायग्राम से लगभग सभी लोग परिचित होते हैं।
डायग्राम को दो तरीके से समझा जा सकता है पहला इस तरह छोटे से बड़े (ऊंचा) तक बढ़ने के लिए तथा दूसरा है बड़े से नीचे की ओर यानी पहली सीढ़ी से अंतिम सीढ़ी तक तथा अंतिम सीढ़ी से पहली सीढ़ी तक। जैसे एक स्पोर्ट्स मैन वोमेन (खिलाडी) जब अपने कैरियर की शुरुआत करता है तो शुरुआत में वह सोचता है करता तो उसे लगता है कि हम घर ना जाएं लेकिन उसकी रोज की प्रैक्टिस उसे उस सोच से धीरे-धीरे बाहर निकालने लगती है कई बार उसे हार का सामना करना है और कई बार वह जीतता है हर प्रेक्टिस हमें अनुभव प्रदान कराती है और हमारा बढ़ता हुआ अनुभव हमें साहस और धैर्य प्रदान करता है।
हम (मनुष्य) पृथ्वी का अन्य प्राणी हर प्राणी अपना भोजन स्वयं ढूंढता

है और आता है जो खाने का अनुभव रहता है वह बचपन से ही परिपक्व यानी मिच्योर होता है कभी भी जीवन में ऐसा नहीं होता कि दिन में खाना (भोजन) अलग करते हैं और रात में अलग (अलग का मतलब भोजन के खाने के तरीके से है न कि खाने से) हाथ से खाना खाने वाला प्राणी अपना भोजन हाथ से खाएगा और सीधा मुँह के द्वारा ऐसा तो नहीं हो सकता कि वह दिन में अपने माध्यम से मुंह में खाता है और रात में अंधेरे में वह अपना भोजन नाक कान से खाएं उसका वह खाने का अनुभव इतना गहरा होता है कि वह किसी भी स्थिति में हो खाना सीधा मुंह में जाएगा जीवन में सबसे ज्यादा करी परिपक्त (मिच्योरटी) इसी में रहती है।

अगर कोई व्यक्ति किसानी करता है तो उसको यह पता रहता है कि हमारी सफल की क्या डिमांड है या मांग है और वह कब सिंचाई की मांग कर रही है कब उसमें और उवरक डालना है कब उसमें कीटनाशक का छिड़काव करना है इत्यादि और इसका अनुभव उसका एक लंबे समय अपनी खेती के साथ उसे लगातार करते रहने के बाद आता है किसी बगैर अनुभवी व्यक्ति को अगर किसानी का काम सौंप दिया जाए तो क्या वह कर पाएगा वह भी सही रूप से जवाब होगा नहीं।

मकान बनाने वाला कारीगर वह बहन सुधारने वाला मैकेनिक या गाड़ी चलाने वाला ड्राइवर या अलग अलग मायने में अपने अनुभव का उपयोग अपने तरीके से करते हैं। इसके बारे हम और गहरी तरह से आगे जानने की कोशिश करेंगे।

C. बाहरी अनुभव

इन शब्दों से हमारा तात्पर्य उन परिस्थितियों से है जिसे हम अपनी सुविधा के लिए अचानक (एक्सीडेंट) की संज्ञा प्रदान करते या इस नाम से जानते हैं इस नाम के कई और मायने भी होते हैं मगर हम अपने अनुभव की बात लेकर चलेंगे बाहरी अनुभव को हम एक उदाहरण से शुरू करेंगे जिसमें इसका एक गलत मूल पता कर पाए।

जैसे :- अगर कोई हिरण नदी के किनारे पानी पी रही अचानक उस पानी में से मगरमच्छ हमला करते तो वह एकदम से उलझ कर उससे दूर हो पाए और भाग जाए तो इस बीच हिरण को कोई इसका अनुभव नहीं था

मगर अपनी जान बचाने के लिए उसने ऐसी हरकत (मूमेंट) कर दी जिसे वह सोच ना सके और अपनी जान बचा ली।

इस अनुभव के बारे में उसने निरंतर कभी भी इसका प्रयास नहीं किया था जिससे उसमें परिक्ता आती लेकिन नियंत्रण में करने के बावजूद भी वह असफल रहती है / रहता है। कई बार इसके विपरीत होने को भी देखा

9

हिंग्स बोसोन और मनोविज्ञान

इस अध्याय को शुरू करने से पहले कुछ बात साफ करना चाहता हूं जिससे पर हम बात करने वाले हैं उस अध्याय में हम सबको जोड़ कर बात करेंगे जैसे ह्यूमन ब्रेन,ह्यूमन बॉडी,हमारा पर्यावरण,हमारा खाना,हमारा रहना इत्यादि जिस बीच हमारी बहुत कमियां और बहुत अच्छा है पता चलने वाली हैं और बहुत सारी दिमाग में चलने वाली जिन्हें हम अपनी नॉर्मल लाइफ में कहते हैं क्या उल्टा सीधा सोच रहा हूं वह कमियां दूर करने वाली है। इस अध्याय के दौरान हमको जीवन में चलने वाली उन कमियों को भी जानने की कोशिश करेंगे जिनके बारे में हम हमेशा सोचते रहते हैं और हम उनको भी लेते चलेंगे जिसके बारे में हम जानते हैं मगर अलग अलग व्यक्ति उसे मानता है नहीं मानता। यह एक ऐसा अध्याय है जिसके ऊपर बात करने के लिए मुझे आगे इसके बारे में बहुत सारे मतों को सुलझाना होगा और बताना होगा कि कौन है जो सही है या भी या नहीं भी।

तो चलिए फिर शुरू करते हैं उस इंसान की जीवन से जिसने हम सब को यह बताया कि कुछ है जिसकी हम कभी भी बराबरी नहीं कर सकते उनका नाम है सर पीटर हिंग्स इनका जन्म सन 29 मई 1929 न्यूकैसल इंग्लैंड में हुआ था इन्होंने बहुत की किस सिद्धांत पर हिंग्स बोसोन के

बारे में जानकारी दी उन्होंने बताया गॉड ऑफ पार्टिकल होता है। हिग्स बोसोन की पहली परिकल्पना 1964 में दी गई थी लेकिन इसका सत्यापन 14 मार्च 2013 को किया गया। जिसके बाद यह सिद्धांत हुआ कि हमारे बीच कहीं ना कहीं भगवान मौजूद हैं वह किसी भी रूप में है। हम इस बात का सम्मान करते हैं कि सर पीटर हिग्स ने हमें बहुत कि की भाषा में बताया कि गॉड ऑफ पार्टिकल नाम का भी कुछ होता है। मगर हमारा मानना है कि अगर हम बहुत की को ना ले कर राशन को लेकर बात करें तो हम पाएंगे कि वह कर्ण जो सर पीटर हिग्स जैसे : न्यूट्रॉन, इलेक्ट्रान, प्रोटॉन कौन है वह बने किससे हैं ए भी तो जरूरी है इसको अगर हम ब्रासा ने तौर पर बात करें तो हम पाएंगे कि जो इलेक्ट्रान प्रोटॉन न्यूट्रॉन कार्ड हैं उनको हम रसायन से ले के जाते हैं तो हम पाते हैं-

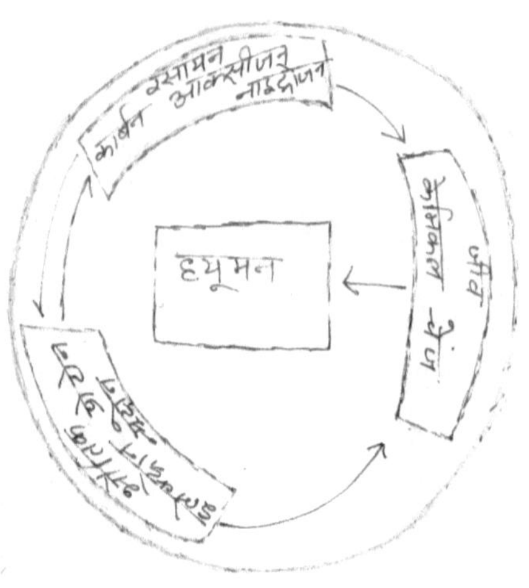

कि उन्हें हम रसायन भाषा में कार्बन नाइट्रोजन ऑक्सीजन इत्यादि नामों से जानते हैं अगर हम एक कदम से लेकर चले तो हम पाएंगे कि इन सब का संबंध एक-दूसरे से हैं एक दूसरे के साथ संबंध रखते हुए देखे

कि अगर भौतिक का संबंध रसायन से और रसायन का संबंध भौतिक से है तो कहीं ना कहीं इनका संबंध जीप से भी है और पर्यावरण से भी हैं अब हम इन दोनों का संबंध जोड़कर जीव से जुड़ने का प्रयास करने वाले हैं। इस बीच काफी कुछ दिमाग में से निकलने वाला है। कई बार हम अपने समाज के अंदर देखते हैं कि अगर किसी व्यक्ति ने किसी भी प्रकार का नशा किया हो तो वह या उसका व्यवहार आम नागरिक से अलग हो जाता है। सर पीटर हिंग्स ने गॉड ऑफ़ पार्टिकल का सिद्धांत दिया मगर यह हमारी मनोविज्ञान या यूं कहें कि हमारे मन या अंतरात्मा में किस प्रकार बसा हुआ है एक किस प्रकार काम करता है हम इसी बात को जानने की कोशिश करेंगे कि यह हमारी मन दिल दिमाग में किस प्रकार कार्य करता है अगर हम पहली बात मनोविज्ञान को भौतिक विज्ञान से जोड़ कर बात करें तो हम पाएंगे जिस प्रकार भौतिक के अंदर या यूं कहें कि ब्रहमांड में जो भी है वह न्यूट्रॉन प्रोटॉन इलेक्ट्रॉन से बना हुआ है यानी सकारात्मक नकारात्मक और बैलेंस (0) होता है अगर हम इसे मनोविज्ञान से जोड़कर बात करेंगे।

भौतिक	मनुष्य	
न्यूट्रॉन (- +)	मनोविज्ञान	सकारात्मक नकारात्मक
प्रोटॉन (+)	सकारात्मक	
इलेक्ट्रॉन (-)	नकारात्मक	

इसी प्रकार जब व्यक्ति के अंदर केमिकल चेंज होते हैं तो उसे हम रसायन से जोड़ कर बात करने वाले हैं।

जिस प्रकार भौतिक के समावेतिक गुण हमने मनुष्य की मनोविज्ञान से जोड़ने की कोशिश की उसी प्रकार हम मनोविज्ञान को रसायन से जुड़ने की कोशिश करेंगे

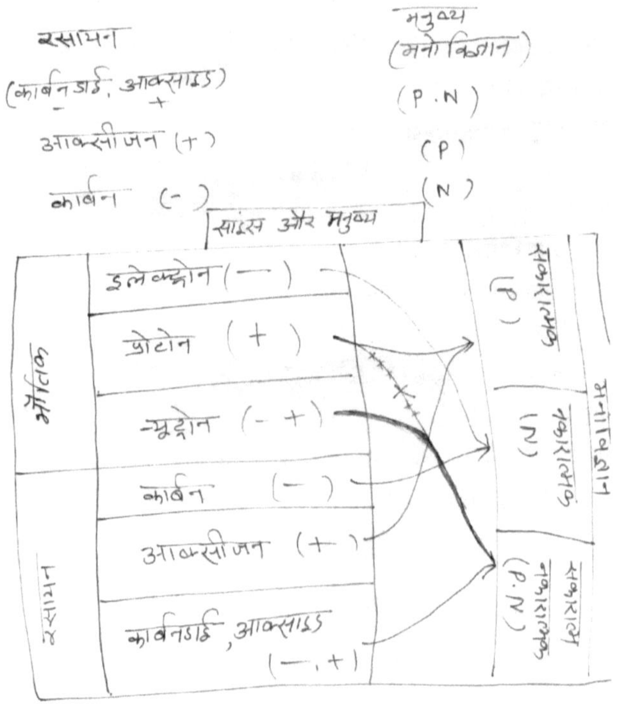

जोड़ने से हमारा सेंस है कि जब विज्ञान में (+ -) हो सकता है उसी प्रकार इंसान में भी (+ -) होता है। जैसा कि सर पीटर हिग्स ने सिद्धांत दिया इस पृथ्वी पर ईश्वर का कण मौजूद है। और हमारी समाज वाह साइंस इस बात को मानती है यू कह सकते कि इस बात पर पूर्ण रुप से विश्वास करती है कि भगवान हमेशा सकारात्मक (Positive) होते हैं यानी ईश्वर को हमेशा सकारात्मक (positive) की तरह लेते हैं या हमेशा साफ भावना में देखते हैं जिसके पास जाते हैं।

अब हम इसी Positive energy को मनोविज्ञान से जोड़ने की कोशिश

करने वाले हैं मगर इस बीच हम कुछ Negative source को भी लेंगे क्योंकि मनोविज्ञान positive और Negative पर आधारित होती है जिसमें हम सही और गलत को रख कर बात करने वाले हैं मगर हमारा ज्यादातर फोकस positive की तरफ रहेगा। इस हम कुछ पिछले अध्ययो कामत भी साफ करते चलेंगे।

चलिए तो सर पीटर हिग्स के सिद्धांत को हम मनोविज्ञान से जुड़ने की कोशिश करने वाले हैं और जानने वाले हैं कि किस तरह मनोविज्ञान और हिग्स बोसोन की थ्योरी काम करती है इसके पहले हम एक हिग्स बोसोन के मानक मॉडल के बारे में कुछ पॉइंट जानने की कोशिश करेंगे और उसके (यानि साइंस) अनुसार हमारी मनोविज्ञान और हमारी समाज किस प्रकार एक दूसरे से जुड़े हैं

मानक मॉडल मूल कणों का

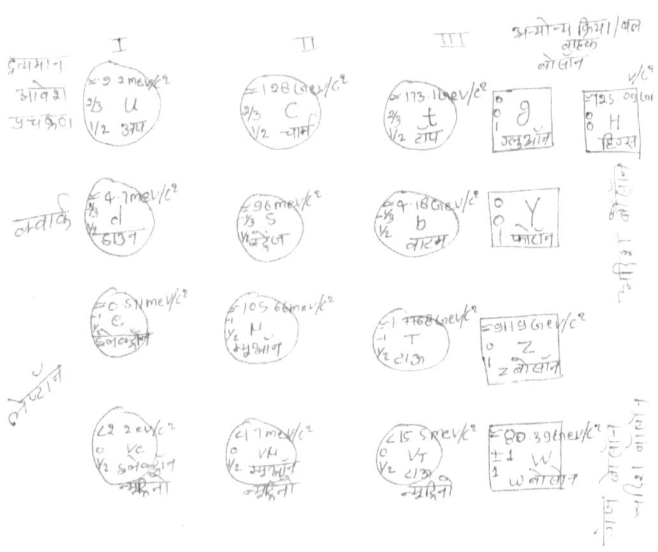

इसमें इन्होंने पदार्थ की तीन पीढ़ियां बताई हैं यानी उन तीन पीढ़ियों में बताया गया है कि किस प्रकार हमारे मानव समाज में अन्य समाज में सही गलत और दोनों के बीच का मॉडल (+ -) हम इस मॉडल के माध्यम से या यूं कहें कि इन कणों के माध्यम से मनोविज्ञान को जोड़ने की कोशिश करेंगे और जानने की कोशिश करेंगे कि इस मॉडल या कणों के मानवीय गतिविधियां किस प्रकार मिलता जुलता है कैसे हमारे अंदर के केमिकल आपस में टकराते हैं और हमारे जीवन में इसका क्या असर पड़ता है कैसे हम सही और गलत को ढूंढने में अक्सर डर जाते हैं और जब हमारे बस से बाहर हुई/ हुआ काम के बाद हम उस उर्जा को याद करते हैं जिससे हम भगवान/गॉड/ईश्वर को संज्ञा देते हैं।

इस मॉडल के अनुसार इसमें क्वार्क को प्राथमिक कण माना है यानि वह कर जिसे हम अंतिम कण की संज्ञा देते हैं जैसे कि हिंग्स मॉडल के अनुसार क्वार्क के प्राथमिक कण की संज्ञा दी गई है यानी वह ऊर्जा f जो कभी ना जन्मी हो और ना ही उसका अंत होता है उन्हें क्वार्ट के अनेक गुण बताएं जिसमें से 6 गुण प्रमुख माने जाते हैं जो इस प्रकार अप, डाउन, स्टेज, चर्म, टॉप और बॉटम और क्वार्क के मूलभूत अंत क्रिया या मौलिक बलों का वर्णन किया है जो (चुम्बक गुरुत्वाकर्षण बल अत: क्रिया) जैसे कि हर शब्द से ही पता चलता है कि कौन सा शब्द क्या दर्शा रहा है जिसको इन्होंने प्राथमिक कण माना है वह हमारी मनोविज्ञान में या यूं कहें कि मनोविज्ञान में हम संज्ञा देते हैं जीवन का वह पढ़ा होया मनोविज्ञान काबू पड़ाव जिसमें हम जिंदगी के लास्ट पर होते हैं यूं भी कह सकते कि जब हम या हमारा जीवन मृत्यु के नजदीक होता है अगर हम दूसरी भाषा में कहें तो हम कह सकते हैं कि जब हमारे अंदर की ऊर्जा या आत्मा बाहर निकलने के लिए उत्सुक होती है इसमें इन्होंने साइंस के माध्यम से इस क्वार्क के कण को प्राथमिकता दी है मगर ऐसे मनोविज्ञान में हम अपने योग के माध्यम से पा सकते हैं उसी मौलिक कन्या प्राथमिक कन्या उसी प्राथमिक ऊर्जा की शुरुआत को ही साइंस ने गॉड ऑफ पार्टिकल की संख्या प्रदान की। जिसमें क्वार्क के छह प्रकारों वैसे आप और डाउन क्वार्क से सबसे कम और अगर हम इसे मनोविज्ञान में जोड़ कर बात करें तो हम पाते हैं जो हमारे अंदर शांति और धैर्य है

यानी जीवन की शुरुआत आनंद और सुख से होती है यह ढेर और शांति से पाया जा सकता है वहीं उन्होंने स्टेज, चार्म, बाटम और टॉप को केवल उच्च ऊर्जा की ट्रैक्टरों से उत्पन्न किया जाता है और मनोविज्ञान के अनुसार उस स्थिति तक पहुंचने के लिए जहां हम उस उर्जा से संपर्क कर सकते हैं जिसे सर पीटर हिग्स ने गॉड ऑफ पार्टिकल की संज्ञा दी है यहां पर उस उर्जा का मतलब है ईश्वर जो हमेशा से होता और हमेशा रहेगा मनोविज्ञान मानता है उस ऊर्जा से संभोग करने के लिए हमें बहुत ऊर्जा की जरूरत पड़ती है और उस ऊर्जा को पाने के लिए सिर्फ एक माध्यम है योग और ध्यान लगाना। यह पर तो अब तक पहुंचने के लिए हमें इन सब प्रक्रियाओं को पार करना पड़ता है और उन मौलिक बलों से तात्पर्य है हमारे जीवन में उन तत्वों को अपने अंदर से जागृत करना जो होते तो है मगर उन्हें बयां सोते हुए कणों को जगाने के लिए हमें जरूरत पड़ती है योग की। इन बालों में से हम प्रथम बल के बारे में बात करने वाली हैं जो हमारे दैनिक जीवन में अक्सर देखने को मिलता है मगर उसे पाने के लिए हमें बरसो लग जाते हैं और अक्सर हम अपने जीवन में या सामाजिक जीवन में देखते हैं अपने अंदर भी और दूसरों के अंदर भी।

1. चुम्बकत्व :- इस शब्द से ही लगता है किसी वस्तु या जीव का खिंचाव जैसे एक चुंबक किसी लोहे को अपनी तरफ खींचती है अगर किसी चमक को स्तर रख दिया जाए तो वह उस लोहे को अपनी तरफ खींच लेती है जो जिसकी एक निर्धारित रेंज में खुला पड़ा है इसी प्रकार हम मनोविज्ञान के अनुसार सोचे तो हम पाते हैं कि हमारा खिंचाव और ऊर्जा की और हमेशा बना रहता है जिससे हम भगवान/ईश्वर मानते हैं और हमारे दिल और दिमाग का मानना है कि जब कोई साथ नहीं होता तो हमारे साथ भगवान होता है। पृथ्वी पर रहने वाला हर प्राणी को उस वस्तु या 10 या कोई मनुष्य अथवा कोई ऐसी जगह जो उसे पसंद हो और उसके अनुकूल हो पसंद करती है हम अक्सर अपने जीवन में देखते हैं कि अगर वह हमें पसंद आती है तो हम उसको देखने उसे पाने की चाह रखते हैं और उसके तरफ खींचते चले जाते हैं इस चुम्बकत्व को और गहरे तरह से जानने के लिए हम आगे बात करेंगे। हमारा दूसरा बल है

2. गुरुत्वाकर्षण :- इसको अगर डिफाइन करें तो हमें सबसे पहले सर

आइज़क न्यूटन ने इसे प्रतिपादित किया था उन्होंने बताया था कि "किसी दो प्रदार्थ द्वारा एक दूसरे की ओर आकर्षित होने की प्रवर्ति" को गुरुत्वाकर्षण कहते हैं। इसी बात को लेकर सर पीटर हिंग्स ने हिंग्स बोसोन के थ्योरी के साथ जोड़ कर रखा है इन्होंने इसके बारे में किसी वस्तु जीव और केंद्र के 7 इन सब का आकर्षण रखा है एक ऐसी ऊर्जा की तरफ जो हमेशा से रही है। जो ऊर्जा एक केंद्र की भांति कार्य करती है जिस तरह एक घड़ी हम देखते हैं हमेशा समय सुईया से आंकते मगर उस समय को निर्धारित तो उसका केंद्र करता है वही तो उसे चलाता है अगर केंद्र को हटा दिया जाए तो क्या घड़ियों का कोई महत्व रहेगा या समय का कोई महत्त्व रहेगा नहीं। गुरुत्वाकर्षण का सही तात्पर्य ही कि किसी केंद्र के तरफ आकर्षण हो ना हम केंद्र को या समय को अलग-अलग नामों से बुलाते हैं जैसे ईश्वर एक घड़ी एक क्षण एक पल इत्यादि मनुष्य हमेशा इस समय के साथ चलने के लिए अपने नियम बना सकता है अगर उस समय में कोई परिवर्तन नहीं कर सकता। जिस प्रकार घड़ी की सुइयां कितनी भी कोशिश कर ले अपने केंद्र से अलग नहीं हो सकती उसी प्रकार मनुष्य कई कोशिश करता है मगर उस केंद्र से कभी अलग नहीं हो सकता। इस गुरुत्वाकर्षण को और जानने के लिए हम आगे बात करेंगे।

3. प्रवल अंत: क्रिया :- जैसे कि दर्शनशास्त्र मैं हमारे मन और आत्मा को दो भागों में विभक्त किया गया है सही और गलत मजबूत और कमजोर इसी प्रकार प्रबल अंत: क्रिया का मतलब उस मजबूत पक्ष से रखा गया है जो हमारे अंतरात्मा में सकारात्मक है। जब कोई व्यक्ति समाज के विपक्ष रहकर कोई कार्य करता है या अंतरात्मा के प्रतिकूल कोई कार्य करता है तो उसके Positive energy से भाव उत्पन्न होता है और उसे उस गलत कार्रवाई करने से रोकता और अगर उस एनर्जी का प्रतिशत Negative से ज्यादा रहता है तो वह उस पर विजय पा लेता और उस कार्य को नहीं करता अगर उस बीच कोई ऐसी व्यक्ति की मजबूरी क्या लाचारी होती है जिस कारण वह उस कार्य को करना तो नहीं चाहता मगर कर देता ऐसी स्थिति दर्शाती है कि आपका निर्णय लेने का तरीका सही नहीं है क्योंकि सकारात्मक भावना सिर्फ आपको एक सही पक्ष को

दिखाती और उस वक्त पर अमल करने का प्रयास कराती है। व्यक्ति अगर अंदर से टूटने लगता है और अपने आप से हमने लगता है तो हमारे अंदर की प्रबलता हमें मजबूती प्रदान करती है और हमें एक रास्ता दिखाती है प्रबल एक रूप से हमारे अंदर से एक नई धारणा या नहीं ऊर्जा प्रदान करती है

4. दुर्बल अंत: क्रिया :- इस बल को अगर मनोविज्ञान से जुड़कर हम बात करें तो हम पाएंगे कि जो हमारी चेतना से कमजोर पक्ष होता है वह हमारे जीवन में हमेशा साथ रहता है एक ऐसा पक्षी जो मन और मस्तिष्क को नेगेटिव एनर्जी की ओर रखता है। "लेकिन इस बात से मेरा कहना है बिल्कुल भी नहीं है कि नेगेटिव नकारात्मक हमेशा गलत होता इसके कुछ सही परिणाम भी होते हैं।" हम अपने जीवन में अक्सर इस बात को महसूस करते हैं कि कुछ भी कार्य करने से पहले दोनों भावनाओं का उदय एक साथ होता है नकारात्मक और सकारात्मक जिसमें से किस पक्ष पर हम ज्यादा सुनने में जोर देते हैं यह डिपेंड करता है अगर ऊपर जो किया जा रहा है या होने वाला होता है। दुर्बल अंत: क्रिया हमारे अंदर एक बल की भांति कार्य करता है मगर इस बल को आंतरिक बल देने का कार्य हमारे प्रबल अंत: क्रिया करती है जिस प्रकार हमारे शरीर में बल होता है मगर उस पल को बल प्रदान करने का हमारा भोजन करता है उसी प्रकार हमारे अंदर की हर होने वाली क्रिया भी एक-दूसरे से जुड़ी हुई है।

इन चारों बलों और सर गहराइयों से जानने के लिए हम एक डायग्राम का उपयोग करेंगे इन चारों बलों का जुड़ाव हम अपने इमोशन अपनी होने वाली शारीरिक सामाजिक मूवमेंट से जोड़ने की कोशिश करेंगे और जानने की कोशिश करेंगे कि किस प्रकार इन चारों बनो का कनेक्शन हमारे इमोशन के साथ होता है जिससे हम कुछ वैज्ञानिक तरीका तथा कुछ आध्यात्मिक तरीके की पहचान करने की कोशिश करेंगे क्योंकि हमारे इमोशन से जुड़ी हुई होती है वैज्ञानिक गतिविधियां और हमारे सामाजिक गतिविधियां क्योंकि सर पीटर हिग्स मैं काफी लंबा समय देकर यह निर्णय लिया तथा उनकी टी-शर्ट ने यह साबित किया कि गॉड ऑफ पार्टिकल नाम की भी को शक्ति होती है जो हमारे साथ होने वाली

हर गतिविधियों पर नजर रखती है या यूं कहें कि हर वह शक्ति ऊर्जा जो हमारे चारों तरफ हमेशा मौजूद रहती है।

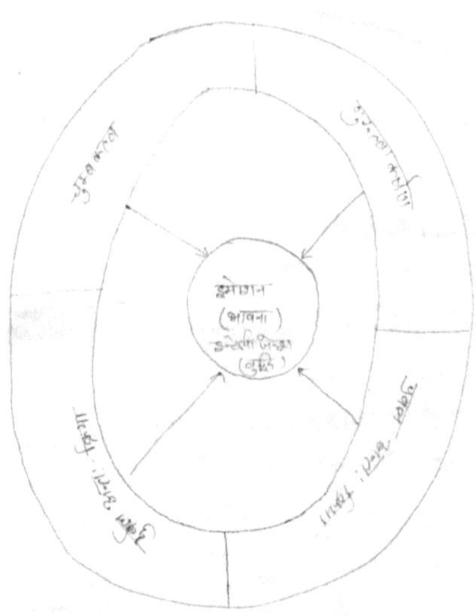

इस डायग्राम में अलग अलग मायने हो सकते हैं मगर मेरा मानना है कि यह चारों बल हमारी भावना और वृद्धि से ज्यादा मिलते हैं।

अब हम बारी बारी एक बल को भावना और बुद्धि से जोड़कर बात करने वाले जिसमें हम देखेंगे कि यह बल किस प्रकार इससे जुड़ते हैं और हमारी घटनाओं के साथ होने का दावा करते हैं।

हम पहले बल को भावना और बुद्धि से जोड़कर बात करने वाले हैं।

चुंबकत्व एक ऐसा बल है जो हमारी भावना और बुद्धि से गहरा संबंध रखता इसको जानने के लिए हमें कुछ उदाहरणों की एक आधार मानकर समझ सकते हैं

Ex :- 1. एक टीचर एक क्लास में सभी बच्चों को एक साथ पढ़ाता है मगर उस में से किसी एक बच्चे को अपने तरफ जाना लगाओ या खिंचाव करता ऐसा क्यों।

क्योंकि हमारा दिमाग और हमेशा झुकता है जिसकी काबिलियत हम से मिलती है इसके अलग मायने भी हो सकते हैं जब किसी टीचर क्यों कोई बच्चा है स्टूडेंट पसंद आया उसका समझदारी उससे कुछ प्रतिशत मूल खाती है या झुलाओ रखती है इस बीच उस टीचर और स्टूडेंट के गुण अलग-अलग हो सकते हैं मगर कुछ 1 गुण उन दोनों से मिलता है यही मैग्नेटिंग क्रिया होती। हम अक्सर देखते हैं कि उस टीचर का लगा उसके वह स्टूडेंट से तरफ ज्यादा रहेगा बाकी स्टूडेंट की तुलना में अगर उस स्थिति में उसका वह गुण भी उसके सामने उससे अलग दिखे तो वह उसे डांटता है उस पर नाराजगी दिखता है और इसके चारों की एक सीमित स्थान या समय होता है एक रेंज होती है जैसे कि उसकी रेंज से बाहर निकलती दिखती तो वह पूरी कोशिश करता है उसे अपनी तरफ खींचने की हम अक्सर अपने जीवन में देखते हैं कि हमारी भावनाएं (इमोशन)हमारी बुद्धि (इंटेलिजेंस) पर हावी होती है या भाभी होती दिखती है हम अपने निजी रिश्तो के चलते हमेशा इमोशन में खाए रहते हैं इस बीच कई और भी कारण हो सकते हैं लेकिन ज्यादातर समाज और रिश्ते में हमें यह देखने को मिलता है हमारे विलन के केमिकल किसी वस्तु या स्थान को देखने के बाद अक्सर बदलने लगते हैं कई बार इसने हमारे सुनने की क्षमता को भी रखा जाता है हम अक्सर उस वस्तु स्थान की और ज्यादा खींचते हैं जो हमें पसंद आती है जिस प्रकार कोई चमक किसी धातु (मेटल) की ओर या उसके एक स्थान के नजदीक आते ही उसकी तरफ ज्यादा कीमती है उसी प्रकार हमारा दिमाग भी कुछ एक स्थान या वस्तु या व्यक्ति की तरफ जाना झुकाव रखता है।

"गुरुत्वाकर्षण

से

इमोशन तथा इंटेलिजेंस"

इसके बारे में हम अपनी जिंदगी के गुण पाए दानों को जानने की कोशिश करेंगे जिन पर हम हमेशा रहते हैं जिनसे हम चाह कर भी अलग नहीं हो सकते हैं जो हर पृथ्वी पर सहने वाला प्राणी का अस्तित्व कायम रखने में मदद करता है मगर उसको हम कभी मानते हैं और कभी मानने से इनकार करते हैं। लेकिन यह इंकार करने के बावजूद भी हमेशा हमारे

साथ रहता है इसको कुछ हम उदाहरण से जानेंगे कि क्या ऐसा भी होता है।

www.ingramcontent.com/pod-product-compliance
Lightning Source LLC
Chambersburg PA
CBHW061348160726
47995CB00001B/219